Ich lerne Judo

Dieses Buch hat mir geschenkt: _____

Ich heiße: _____

Mein Geburtstag: _____

Meine Adresse: _____

_____

Foto

*Hier kannst du
ein Foto von dir
einkleben.*

Das mache ich gern: _____

_____

Das mag ich nicht: _____

_____

Das wünsche ich mir: _____

_____

Ich lerne Judo

Katrin Barth & Frank Wieneke

Sportwissenschaftliche Beratung:
Prof. Dr. paed. habil. Berndt Barth

Meyer & Meyer Verlag

Kindersportbuchreihe „Ich lerne …/Ich trainiere …"
Herausgeberin: Katrin Barth

Ich lerne Judo

Bibliografische Information der Deutschen Nationalbibliothek
Die Deutsche Nationalbibliothek verzeichnet diese Publikation in der Deutschen Nationalbibliografie;
detaillierte bibliografische Daten sind im Internet über http://dnb.d-nb.de abrufbar.

© 2011 by Meyer & Meyer Verlag, Aachen
3. überarbeitete Auflage 2017
Auckland, Beirut, Dubai, Hägendorf, Hongkong, Indianapolis, Kairo, Kapstadt,
Manila, Maidenhead, Neu-Delhi, Singapur, Sydney, Teheran, Wien

Member of the World Sport Publishers' Association (WSPA)

Gesamtherstellung: Print Consult, München
ISBN 978-3-8403-7554-5
E-Mail: verlag@m-m-sports.com
www.dersportverlag.de

Inhalt

Anmerkung:

Aus Gründen der besseren Lesbarkeit haben wir uns entschlossen, durchgängig die männliche (neutrale) Anredeform zu nutzen, die selbstverständlich die weibliche mit einschließt.

Das vorliegende Buch wurde sorgfältig erarbeitet. Dennoch erfolgen alle Angaben ohne Gewähr. Weder die Autoren noch der Verlag können für eventuelle Nachteile oder Schäden, die aus den im Buch vorgestellten Informationen resultieren, Haftung übernehmen.

Lust zum Ausmalen?

Nimm deine Bunt- oder Filzstifte und male das Bild aus. Die Zahlen helfen dir!

1 = rot 3 = gelb 5 = grün

2 = orange 4 = blau 6 = grau

.... 1 Lieber Judoka!

Waren es deine Eltern, deine Freunde, der bekannte Judoverein in der Nähe oder die Fernsehübertragung der Weltmeisterschaften oder der Olympischen Spiele? Vielleicht bist du auch begeistert von der Idee und den Ritualen des Judosports. Es ist gleichgültig, wie du zum Judo gekommen bist – du hast dich für eine tolle Sportart entschieden!

In diesem Kinderbuch zum Judo haben wir viel Wissenswertes über deinen Lieblingssport aufgeschrieben. Vor allem begleiten wir dich zu den ersten vier Gürtelprüfungen. Die geforderten Fallübungen, Würfe und Bodentechniken sind dargestellt und erklärt. Dazu gibt es Tipps für die Anwendungsaufgaben und das Randori.

Natürlich braucht ein Judoka noch viele, viele weitere Informationen, die du auch in diesem Büchlein finden wirst.

Judo ist ein Sport für Mädchen und Jungen, für Große, Kleine, Starke und Schwächere. Die Ängstlichen und Zurückhaltenden gewinnen an Selbstbewusstsein und die Selbstsicheren zeigen Rücksichtnahme und Geduld.

9

Ist Judo der richtige Sport?

Hier stehen einige Gründe, warum Kinder gern zum Judo gehen. Was trifft auf dich zu? Kreuze „JA" oder „NEIN" an!

	JA	NEIN
Sport macht mir viel Spaß.	X	
Sport ist gesund.		X
Ich bin gern mit anderen Kindern zusammen.	X	
Ich kann schnell reagieren.		X
Mir gefallen die Rituale und die Kleidung der Judoka.		X
Ich kämpfe gern und möchte gewinnen.	X	
Meine Familie oder Freunde sind auch beim Judo.		X
Ich schaue mir gern Judokämpfe an.	X	
Ich möchte etwas Besonderes lernen, das nicht jeder kann.	X	X
Ich möchte selbstbewusster sein.		X
Ich möchte mich in der Not selbst verteidigen können.	X	
Ich möchte einmal ganz erfolgreich und bekannt werden.	X	

Sind die meisten Fragen mit „JA" beantwortet, dann hast du die richtige Sportart für dich gewählt. Vielleicht kannst du mal ein guter Judoka werden.

Die Ziele der jungen Judoka sind unterschiedlich: Du willst sicherer auftreten, etwas Besonderes lernen, die Gürtelprüfungen ablegen oder ein sehr erfolgreicher Judoka werden. Bestimmt macht es dir auch Spaß, deine Freunde zu treffen und gemeinsam mit ihnen die Technik zu erlernen und beim Randori zu üben.

Dieses Büchlein soll dein Begleiter beim Judolernen sein. Aber besonders im Judo gibt es unterschiedliche Lehren und Schulen. So kann es auch manchmal zu Abweichungen bei der Technik und bei den Bezeichnungen kommen. Es kann schon mal passieren, dass wir etwas anders sehen, als es dein Übungsleiter, der Trainer oder ein erfahrener Judoka dir sagen. Dann frage einfach nach. Wenn es dein eigenes Buch ist, dann mach dir Notizen und benutze es wie ein Trainingstagebuch.

Viel Spaß beim Judo wünschen dir
Miyu und die Autoren.

Manche Bilder von der kleinen Bärin Miyu wirst du häufig im Buch sehen.

Wenn Miyu den Daumen zeigt, hat sie einen guten Tipp für dich. Sie zeigt dir Fehler, die du vermeiden kannst oder gibt dir hilfreiche Ratschläge.

Ganz schön knifflig! Manchmal hat Miyu eine Aufgabe oder ein Rätsel für dich. Diese findest du beim Fragezeichen.

Die Antworten und Lösungen stehen am Ende des Buches.

Siehst du Miyu mit dem Stift, kannst du an dieser Stelle etwas eintragen, ausfüllen oder ausmalen.

Bei diesem Zeichen zeigt dir Miyu einige Übungen, die du auch außerhalb der Übungsstunde ausführen kannst. Sie ersetzen natürlich nicht das Training, sind aber eine gute Ergänzung. Vielleicht machen auch deine Freunde, Geschwister oder Eltern mit.

Vielleicht reichen dir die Hallenzeiten zum Üben nicht aus? Du möchtest noch mehr üben? In diesem Buch wirst du einige Übungen finden, die du auch außerhalb des Judotrainings ausführen kannst.

Die kleinen gelben Übungsmännchen zeigen dir, wie eine Übung allein oder mit Freunden ausgeführt wird.

Ist dies dein eigenes Buch, kannst du es wie ein Trainingstagebuch verwenden. Fortschritte und Ziele werden eingetragen. Bist du dann ein erfahrener Judoka, kannst du hier mit Freude nachlesen, wie alles angefangen hat. Wenn du willst, dann klebe Fotos von dir oder deinen Freunden ein und sammle Unterschriften.

Hier kannst du ein schönes Foto von dir einkleben.

.... 2 Wie es anfing mit dem Judosport

Hast du schon einmal kleine Kätzchen, Hunde oder Bären beim Balgen beobachtet? Es scheint ihnen Feude zu machen – vielleicht geht es aber auch um den schönsten Sonnenplatz, das leckere Futter oder um zu zeigen, wer der Stärkste ist!

So wie die Tiere ihre Kämpfe austragen, haben auch die Menschen schon immer gekämpft und die Krieger entwickelten dabei ständig weitere Techniken und Hilfsmittel. Es ging um Macht und Eroberung – aber auch um die Verteidigung gegen Angriffe und den Schutz der Familie.

Kampfkunst

Aber Kampf ist auch faszinierend – die perfekte Technik, die Tricks und die schnellen Bewegungen! Dabei geht es den Kämpfern nicht darum, den Partner zu verletzen oder „fertig zu machen" – sondern darum, zu zeigen, was sie können.

Viele unterschiedliche Sportarten haben sich aus den alten Kampfkünsten entwickelt und werden überall auf der Welt trainiert.

Welche asiatischen Kampfkünste sind dir bekannt? Schreibe sie hier auf!
Unsere Beispiele findest du auf den Auflösungsseiten.

kumfu karate Judo
tekwando

Jigoro Kano – der Erfinder des Judo

Judo hat seine Wurzeln in Japan. Daher kommt auch der Name. Der heißt wörtlich übersetzt: **„der sanfte Weg"**.

JU = Sanftheit oder Nachgeben

DO = Weg oder Prinzip

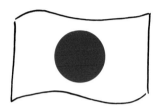

Alle Würfe und Grifftechniken im Judo haben japanische Bezeichnungen, die du im Laufe deiner Trainingsjahre lernst. Schnell ist für dich normal: die Kämpfer sind JUDOKA, die Matte ist TATAMI, freies Üben heißt RANDORI und die höchste Wertung ist IPPON. Noch viel, viel mehr japanische Begriffe wirst du im Training kennen lernen, die du bestimmt gern verwendest.

Jigoro Kano
(1860-1938)

In den alten japanischen Kriegskünsten liegt der Ursprung des Judo. Im damaligen JU-JUT-SU (auch andere Schreibweisen möglich) gab es Schlag- und Tritttechniken, Würfe, Arm- und Beinhebel, Haltetechniken und auch Stiche mit Schwertern und Messern.

Vor etwa 150 Jahren wurde Jigoro Kano in Japan geboren. In seiner Jugend hat er in vielen verschiedenen Schulen Kampfkunst erlernt und wollte später aus den alten Kampfkünsten einen Sport für alle entwickeln.

Es sollte kein wildes „Prügeln" sein, sondern ein Wettbewerb mit „Köpfchen" und Gefühl. Auf der Tatami begegnen sich Partner, die sich gut benehmen, Rücksicht aufeinander nehmen und klug und geschickt um den Sieg kämpfen. Er gründete die erste Judoschule der Welt, den KODOKAN.

In vielen DOJOs hängt auch heute noch das Bild von Jigori Kano.

Traditionelle Reisstrohmatten

Auch wenn es bei den Würfen doch manchmal ein paar blaue Flecken gibt, wollen sich die Kämpfer im Judo nicht wehtun. Deshalb gibt es einen Untergrund, der bei guter Falltechnik Verletzungen verhindert.

Jetzt habt ihr Kunststoffmatten in den unterschiedlichsten Farben und Härten. Doch früher benutzten die Kämpfer die traditionellen Tatami, die auch in den Wohnräumen auf dem Boden lagen. Diese Matten sind aus Reisstroh geflochten und mit einer Stoffmatte bedeckt.

Nur noch in der japanischen Stadt Tenri gibt es für das Üben die traditionellen Judomatten (TATAMI).

*Vor jedem Training
werden die Matten mit Wasser begossen,
damit das Stroh nicht bricht.*

DOJO - die Übungshalle

Das traditionelle DOJO ist stets sauber und frei von unnötiger Dekoration. Nur auf der dem Eingang gegenüberliegenden Seite können das Bild von Kano oder Sinnsprüche hängen. Alles andere lenkt nur vom Üben ab.

Beim Eintritt wird traditionell gegrüßt und die Matten werden nur barfuß betreten. Es ist ein Ort der Ruhe und Konzentration!

17

Judo in Deutschland

Anfang des letzten Jahrhunderts kamen Japaner nach Deutschland, die ihre Künste im Nahkampf demonstrierten. Der Kaiser war begeistert und wollte, dass auch seine Soldaten diesen Kampfsport erlernen. Es wurden Ju-Jutsu-Schulen gegründet und Meisterschaften ausgetragen.

Immer mehr Kampfsportler waren dann von den Ideen von Kano und dem Judosport begeistert.

Der Deutsche Judo-Bund (DJB) wurde 1953 gegründet.

Er ist verantwortlich für die Ausbildung und die Gürtelprüfungen.

Im Deutschen Judo-Bund sind die Landesverbände und darin die Vereine organisiert.

DJB

DEUTSCHER JUDO-BUND e.V.

Mein Landesverband:

_____

Mein Verein:

_____

Willst du noch mehr wissen, dann schau doch mal ins Internet, z. B. unter www. judobund.de.

Die Judowerte des Deutschen Judo-Bundes

Judo ist ein Kampfsport, bei dem es nicht um Gewalt oder größten Krafteinsatz geht – sondern um technisches Geschick, Ruhe und gegenseitigen Respekt. Du achtest auf das Wohlergehen deines Partners und nimmst Rücksicht, wenn er jünger, kleiner oder noch unerfahren ist. Jeder bemüht sich um einen respektvollen Umgang in der Gruppe und keiner wird ausgeschlossen.

Der Deutsche Judo-Bund hat Werte für seine Sportler zusammengestellt:

Höflichkeit   **Bescheidenheit**

Hilfsbereitschaft   **Ehrlichkeit**

Selbstbeherrschung   **Mut**

Wertschätzung

Respekt

Ernsthaftigkeit   **Freundschaft**

Lies die einzelnen Werte in Ruhe durch. Überlege, was mit den einzelnen Punkten gemeint ist und erinnere dich an Situationen im Training.

Was ist für dich das Besondere am Judosport? Hier kannst du aufschreiben, was du so toll am Judo findest und über welche Regeln und Werte ihr in der Sportgruppe gesprochen habt.

Piktogramm

Im Fernsehen, in der Zeitung, auf Aufklebern oder auf Plakaten hast du bestimmt schon oft gesehen, dass Sportarten durch ganz einfache Zeichnungen oder Symbole dargestellt werden.

Diese Zeichen nennt man *Piktogramme*. Die Zeichnung ist oft nur mit einfachen Linien gezeichnet und trotzdem erkennt jeder sofort die richtige Sportart.

Hier siehst du ein solches Piktogramm für Judo.

Wie würdest du mit ganz einfachen Strichen Judo darstellen? Hier ist Platz für deine Ideen!

..... 3 Hallo, Yvonne Bönisch!

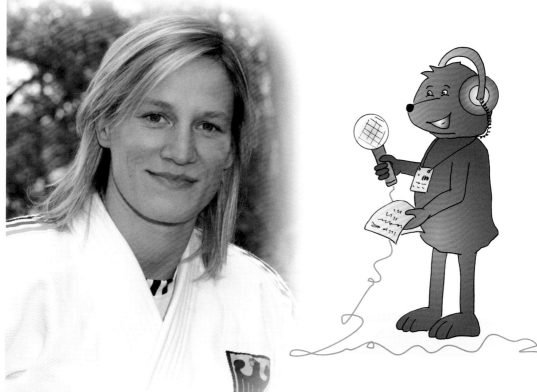

Name: Yvonne Bönisch
Geboren: 29. Dezember 1980 in Ludwigsfelde bei Potsdam.
Maße: 168 cm/ 57 kg
Erfolge: Mehrfache deutsche und internationale Meisterin, 2002 Vizeeu-
            ropameisterin, 2003 Vizeweltmeisterin, 2004 Olympiasiegerin,
            2007 Vizeeuropameisterin, Erste der Weltranglisten 2004, 2005,
            2006, Mehrfache World-Cup-Gewinnerin
            Seit Februar 2010 Trägerin des 6. Dans.

Danke, dass du für unser Buch ein Interview gibst! Wie bist du zum Judo gekommen?

Durch meinen Vater und Freunde.

Was findest du so toll am Judosport?

Judo ist viel mehr als nur eine Sportart. Judo ist eine faszinierende Kampfsportart für Jung und Alt, deren Motto Siegen durch Nachgeben ist. Eine Sportart, bei der euch Verantwortlichkeit und Rücksichtnahme vermittelt wird. Für mich ist das Faszinierende und der Reiz der Kampf Mann gegen Mann, ein Kampf, der in Bruchteilen von Sekunden entschieden sein kann, Aktion – Reaktion und nicht immer ist der vermeintliche Stärkere der Gewinner ...

Was war dein größter Erfolg und dein schönstes sportliches Erlebnis?

Das schönste sportliche Erlebnis war die Teilnahme an den Olympischen Spielen 2004 in Athen, die Atmosphäre im olympischen Dorf, das Miteinander mit Sportlern anderer Nationen und Sportarten und mit der Krönung des Gewinnens der Goldmedaille.

Was sind deine Stärken?

Man sagt mir nach meine Schnelligkeit, sowie die Tatsache, mich auf den Moment konzentrieren zu können.

Hattest du auch manchmal keine Lust zum Training? Was hast du dann gemacht?

In jungen Jahren stand immer der Spaß an erster Stelle und viele meiner Freunde waren beim Judo, so in bin ich immer gerne hingegangen ... und als ich älter wurde, hatte ich ein Ziel vor Augen, das mich antrieb. Erst war es die Teilnahme an deutschen Meisterschaften, dann der Gewinn einer Medaille usw., so konnte ich den inneren Schweinehund immer überwinden.

Du hast 2009 deine aktive Zeit beendet. Was machst du jetzt?

Inzwischen stehe ich auf der anderen Seite der Matte und betreue Judoka, die an internationalen Wettkämpfen teilnehmen. So kann ich meine Erfah-

rungen an den Nachwuchs weitergeben. Nebenher habe ich an der Trainer-
akademie des DSOB in Kön studiert und bin jetzt Diplomtrainerin.

Wie hältst du dich fit?

Ich geh 1-2 x die Woche ins Judotraining und teste, wie gut der Nachwuchs schon ist ;-), spiele Squash, laufe gern und ab und zu schwinge
ich mich aufs Fahrrad und genieße die tolle Potsdamer Gegend.

Wofür interessierst du dich noch? Was machst du in deiner Freizeit?

Ich treffe mich gern mit Freunden, liebe Straßencafés, gehe gern Shop-
pen und ins Kino ...

Welchen Tipp hast du für junge Judoka?

Erfolg heißt einmal mehr aufstehen, als hinfallen ... Verliert nie das Ziel
und vor allem den Spaß aus den Augen ...

Viel Spaß beim Judo wünscht dir Yvonne!

*Willst du noch mehr über Yvonne Bönisch wissen, dann schau doch
mal ins Internet, z. B.: www.yvonneboenisch.de*

Fanseite

Mein Judoka:

_____

Die größten Erfolge:

_____

_____

Bilder und Zeitungsausschnitte

Hier kannst du Autogramme von erfolgreichen Judoka sammeln oder Bilder einkleben.

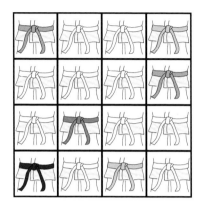

1 Jeder Gürtel erscheint in jeder Farbe nur einmal in jeder Zeile, in jeder Reihe und in jeder Diagonalen. Zeichne die restlichen Gürtel in der passenden Farbe aus!

2

Schau dir die beiden Zeichnungen genau an!

Kannst du die neun Unterschiede finden?

Tina beobachtet Jule auf der Judomatte.
Dann fragt sie: „Du machst wohl gern Judo?" „Klar!", meint Jule.
– „Und warum lernst du es dann nicht?"

Der Trainer fragt Tom: „Warum kommst du mit schmutzigen Händen zum Training?" „Ich habe keine anderen!", antwortet Tom.

.... 4 Ohne Fleiß kein Preis

Sicher hast du auch schon einmal davon geträumt, wie es ist, der Beste zu sein. Alle staunen über deinen Kampfgeist, deine Konzentration und deine perfekte Technik. Du beobachtest deinen Gegner, erkennst seine Schwächen und spielst deine Stärken aus.

Die Fans bestürmen dich und fragen nach Autogrammen. Du nimmst dann die Glückwünsche deiner Mannschaftskameraden, deines Trainers, deiner Fans, deiner Freunde und deiner Eltern entgegen ...!

Aber, stopp! Nur in der Schaukel sitzen, Honig naschen und vom Erfolg träumen, reicht nicht!

Wenn du ein guter Judoka werden willst, ein beliebter Übungspartner oder vielleicht auch ein erfolgreicher Wettkämpfer, dann musst du viel und fleißig üben. Das ist nicht immer einfach und macht auch nicht immer gleich viel Spaß.

Denke daran:
Vor dem Erfolg steht der Fleiß!

Wichtig sind Ziele

Wenn du mit dem Judo beginnst, musst du dir folgende Fragen beantworten:

Was ist mein Ziel?

Womit kann ich mein Ziel erreichen?

Wie kann ich mein Ziel erreichen?

Was ist mein Ziel?

Einfach nur Judorollen zu üben macht Spaß – aber nicht sehr lange! Du möchtest, dass die Würfe klappen und du auch am Boden erfolgreich bist. Du kannst beim Randori zeigen, was du inzwischen gelernt hast. Vielleicht kannst du beim nächsten Turnier starten, wirst einmal bei den deutschen Meisterschaften starten oder auch irgendwann zur Nationalmannschaft gehören.

Natürlich bist du dafür jetzt noch zu jung. Trotzdem solltest du wissen, was du willst. Wenn du kein Ziel hast, macht das Üben bald keinen Spaß mehr. Du steckst dir also immer höhere Ziele.

Da gibt es die „kleinen" und nahen Ziele:
In der nächsten Trainingsstunde gelobt zu werden oder endlich den neuen Wurf zu können.

Es gibt auch Ziele, die etwas ferner sind:
Die nächste Gürtelprüfung abzulegen oder beim Turnier zu starten.

Und natürlich haben auch einige Judoka das ganz große Ziel:
Später bei Weltmeisterschaften und Olympischen Spielen erfolgreich zu sein.

Warum bist du Judoka geworden? Was sind deine Ziele? Was möchtest du erreichen?

> ich möchte Welt
> meister im Judo wer-
> den.

Wie erreiche ich meine Ziele?

Viel möchtest du erreichen, aber wie kannst du zu deinen Zielen gelangen? Auf jeden Fall viel üben. Dazu kommen aber auch notwendige Übungen für die Konzentration, das Techniktraining sowie Ausdauer- und Kraftübungen, die der Trainer mit euch durchführt. Bestimmt ist einiges dabei, das dir nicht so viel Spaß macht. Manches erscheint dir langweilig und viel zu anstrengend. Aber alle diese Übungen helfen dir, deine Ziele zu erreichen.

Wie oft muss ich üben?

Es ist wie mit allen Dingen im Leben – nur wer fleißig übt, wird Erfolg haben! Wie klappt es nun, dass du durch häufiges Üben immer besser wirst? Solange die Übungen leicht und locker ablaufen, machst du nur das, was du sowieso schon kannst. Erst wenn es etwas anstrengend ist und du dich sehr konzentrieren musst, wirst du immer besser.

Du musst dich also mühen und belasten, um einen Fortschritt zu erreichen. Wenn du einmal längere Zeit nicht beim Judotraining warst, wirst du merken, dass du vielleicht wieder etwas schlechter geworden bist. Du hast manches vergessen und bist nicht mehr so schnell. Nun gilt es aufzuholen!

Also, je fleißiger und häufiger du übst, desto besser wirst du.

Eine gute Kondition ist wichtig

Oje, was ist denn mit Miyu los? Der Wettkampf hat doch eben erst begonnen und nach den ersten Kämpfen ist sie schon erschöpft!

Ist dir das auch schon passiert? Wirst du auch so leicht unkonzentriert und bist schnell kraftlos? Dann musst du etwas für deine **Kondition** tun!

Was ist Kondition?

Judo ist keine Sportart, bei welcher der Sportler ausdauernd läuft, weit springt oder schnelle Salti ausführt. So könnten einige denken, dass Kondition nicht so wichtig ist. Aber ganz im Gegenteil: Kondition ist sehr wichtig!

Bestimmt hat dein Trainer viele gute Ideen für ein abwechslungsreiches Konditionstraining. Laufübungen, Gymnastik und vieles mehr. Mach richtig mit, denn das alles ist gut für deine Kondition!

Was du brauchst

Eine gute Ausdauer brauchst du, um längere Zeit eine körperliche Anstrengung durchzuhalten. Beim Judo kannst du konzentrierter kämpfen, deine Bewegungen sind schnell und nach einem Kampf bist du bald wieder erholt und bereit für den nächsten Gegner.

Für die Würfe und im Bodenkampf brauchst du Kraft – aber auch, um deinen Gegner durch Schieben und Ziehen in die gewünschte Position zu bringen. Dabei musst du selbst immer das Gleichgewicht halten. Für den richtigen und festen Griff braucht ein Judoka kräftige Arme, Hände und Finger.

Ein Judoka muss blitzschnell reagieren, wenn er den Gegner werfen oder seinen Wurf verhindern will. Nur wer seine Bewegungen schnell ausführt, kann erfolgreich sein. Dafür ist ausreichende Schnelligkeit nötig, die du im Judotraining übst. Aber auch Reaktionsspiele, Ballspiele und Staffelspiele eignen sich gut.

Jede Judotechnik verlangt von dir ein gutes Körpergefühl und ausreichend Beweglichkeit. Du führst Bewegungen aus, die erst einmal ungewohnt und nicht alltäglich sind. Durch Gymnastik, Turnen und spezielle Dehnungsübungen wirst du dich vorbereiten.

So kannst du üben

Bewege dich!

- *Joggen,*
- *Radfahren,*
- *Skateboard fahren,*
- *Schwimmen,*
- *Volleyball spielen,*
- *Fußball spielen,*
- *Skifahren,*
- *Wandern*
  und noch vieles mehr.

Übungen zur Kräftigung

Hier zeigen wir dir zwei Übungen für die Kräftigung von Armen und Oberkörper. Diese lassen sich sehr gut zu Hause ausführen. Lass dir von deinen Eltern oder Geschwistern helfen.

1 Schubkarrengehen

Dein Partner hält dich an den Füßen. Der Po ist höher als die Schultern – keine Hängebrücke machen!
* *Gehe etwa 20-25 m, ohne einzubrechen.*
* *Versuche, Treppen hinaufzulaufen oder Hindernisse zu überwinden.*

2 Wand hochkrabbeln

* *Du beginnst in Liegestützposition mit den Füßen an der Wand.*
* *Krabbele mit den Füßen an der Wand hoch und rücke mit den Händen fast bis zur Wand nach.*
* *Gehe wieder zurück in die Ausgangsposition, ohne mit den Füßen den Boden zu berühren.*

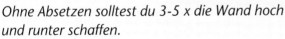

Ohne Absetzen solltest du 3-5 x die Wand hoch und runter schaffen.

Vergiss das Aufwärmen nicht!

Sicher wird dein Trainer immer zu Beginn des Trainings eine Aufwärmzeit einplanen.

Es ist wichtig, dass durch verschiedene Übungen deine Muskeln warm, locker und geschmeidig werden. So schützt du dich vor Verletzungen.

Zum Aufwärmen kannst du laufen oder leichte Sprung-übungen machen.

Schwinge oder kreise dabei die Arme.

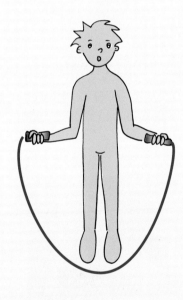

Dribble den Ball im Gehen und Lau-fen. Springe dabei, drehe dich und klatsche in die Hände.

Auch wenn du Übungen daheim ausführst oder mit deinen Freun-den spielst – vergiss das Aufwärmen nicht!

Strecke dich mit dem Ball ganz hoch und stehe dabei auf den Zehenspitzen – so, als ob du ihn in den Korb legen willst.

Nun gehst du mit gestreckten Beinen nach unten und legst den Ball ab.

Stütze die Hände in die Hüften und drehe den aufrechten Oberkörper nach links und rechts.

Lege dich flach auf den Rücken und drücke das Becken nach oben.

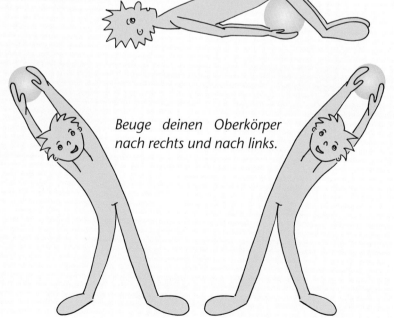

Beuge deinen Oberkörper nach rechts und nach links.

·················· 5 Was du zum Judo brauchst

Wer Judo trainiert, will natürlich auch aussehen wie ein richtiger Jodoka. Jeder soll sehen, dass du dazugehörst. Aber das Aussehen ist nicht der Hauptgrund für die spezielle Judokleidung.

Was gehört dazu?

Wenn du Judo trainierst, brauchst du gleich zu Beginn einen richtigen **Judoanzug** – den JUDO-GI. Nur damit sind die Wurftechniken und die Bodentechniken möglich. Der Griff und das Halten z. B. am Revers und am Ärmel sind wichtige Bestandteile der Techniken.

Der **Gürtel** hält die Jacke zusammen. Am Gürtel erkennt aber auch jeder, welche Lernstufe du schon erreicht hast.

Beim Kämpfen geht es um Geschicklichkeit und Klugheit. Kein Sportler darf sich bei den Würfen wehtun oder sogar verletzen. Selten gibt es in Vereinen spezielle Judohallen. Meistens werden die **Judomatten** in der Turnhalle aufgebaut. Jeder sollte mithelfen und auf die Sicherheit der Unterlage achten.

Da Kinder schnell wachsen, kann ein Judoanzug auch gebraucht gekauft werden. Vielleicht gibt es in eurem Verein einen Flohmarkt, auf dem ältere Sportler ihre zu kleinen Anzüge verkaufen wollen.

Judogi – Judoanzug

Der Judoanzug besteht aus:
- Hose – ZUBON
- Jacke – KIMONO
- Gürtel – OBI

Die Teile sind aus sehr festem Baumwollmaterial, damit sie beim Halten und Ziehen nicht zerreißen. Traditionell ist der Judogi weiß, aber zur besseren Unterscheidung der Kämpfer trägt häufig einer der beiden einen blauen Anzug. Für Anfänger reicht natürlich erst einmal der weiße Anzug. Mädchen und Frauen tragen unter ihrer Jacke ein T-Shirt.

Schuhe und Strümpfe? Die gibt es beim Judo natürlich nicht! Auf der TATAMI wird traditionell barfuß gekämpft. Außerhalb der Matte solltest du aber Socken oder Schuhe anziehen, um deine Füße sauber und warm zu halten.

Achte immer darauf, dass dein Judogi sauber ist. Das gehört zur Ehre eines Judokas und zum Respekt gegenüber dem Gegner.

Der Unterschied ist wichtig

Der Kampfrichter und die Zuschauer wollen die beiden Sportler gut unterscheiden können. Dafür tragen die Judokämpfer Judogis mit unterschiedlicher Farbe.

Kinder brauchen sich aber nun nicht unbedingt zwei Judoanzüge zu kaufen. Es reicht auch, wenn einer der beiden Kämpfer einen roten Gürtel zusätzlich zu seinem eigenen trägt.

OBI – Gürtel

Der Obi hält die Jacke zusammen und sollte daher sorgfältig gebunden sein. Das bedeutet, nicht zu locker – aber auch nicht zu eng. Vor allem sollte der Knoten halten und nicht bei jeder Bewegung aufgehen.

Knoten binden

- *Nimm die Gürtelmitte und lege sie über den Bauch (etwa in Höhe des Bauchnabels).*
- *Kreuze die Gürtelenden am Rücken und führe sie wieder nach vorn.*
- *Wickle das obere Gürtelende um das andere Ende **und** um den darunterliegenden Teil des Gürtels.*
- *Binde einen Knoten, sodass die beiden Enden parallel rechts und links gleich lang nach unten hängen.*

Bevorzugt dein Trainer eine andere Bindetechnik, dann soltest du auch diese üben. Lass sie dir gut erklären und zeigen.

Die Gürtelfarben

An der Gürtelfarbe kann jeder erkennen, welche KYU-Prüfung du abgelegt hast. Der Deutsche Judo-Bund hat festgelegt, in welchem Alter du die Prüfungen ablegen kannst und wie lange du dich auf die Prüfungen vorbereiten solltest. Frage deinen Trainer danach!

Schülergürtel – KYU

9. KYU – KUKYU	Hat ein Judoanfänger noch keine Gürtelprüfung abgelegt, hält der weiße Gürtel die Jacke zusammen.
8. KYU – HACHIKYU Weiß-gelber Gürtel	Empfohlenes Alter: 7 Jahre Kein Mindestalter
7. KYU – NANAKYU Gelber Gürtel	Empfohlenes Alter: Im 8. Lebensjahr Kein Mindestalter
6. KYU – ROKKYU Gelb-oranger Gürtel	Empfohlenes Alter: Im 9. Lebensjahr Kein Mindestalter
5. KYU – GOKYU Oranger Gürtel	Empfohlenes Alter: Im 10. Lebensjahr Mindestalter: Im 9. Lebensjahr
4. KYU – YONKYU Orange-grüner Gürtel	Empfohlenes Alter: Im 11. Lebensjahr Kein Mindestalter
3. KYU – SANKYU Grüner Gürtel	Empfohlenes Alter: Im 12. Lebensjahr Mindestalter: 11 Jahre
2. KYU – NiKYU Blauer Gürtel	Empfohlenes Alter: Im 13. Lebensjahr Kein Mindestalter
1. KYU – SANKYU Brauner Gürtel	Empfohlenes Alter: Im 14. Lebensjahr Mindestalter: 12 Jahre

TATAMI – Judomatte

Tatami ist eigentlich eine mit Reisstroh gefüllte Matte, die in traditionell eingerichteten japanischen Räumen als Fußbodenauflage verwendet wird – so wie bei uns der Teppich. Die Judoka habe diese Reisstrohmatten als Sportmatten gewählt, um weicher zu fallen.

Trainings- und Wettkampfmatte

Die heutigen Judomatten sind aus den unterschiedlichsten Materialen, in verschiedenen Farben mit harter, mittlerer oder weicher Polsterung. Die rechteckigen Elemente sind aus gepresstem Stroh oder Schaumstoff. Die Oberfläche darf nicht zu rutschig und auch nicht zu rauh sein. Die Teile dürfen nicht verrutschen.

Abhängig vom Alter der Judoka und von der Art des Wettkampfs ist die *Kampffläche* 8 m x 8 m bis 10 m x 10 m. Der *Innenbereich* und der *Außenbereich* haben verschiedene Farben.

Auf dem Foto siehst du Ole Bischof (rechts) vor dem Halbfinale der Olympischen Spiele 2008 in Peking.

Beachte immer: Die Matte darf nur barfuß oder mit Socken betreten werden – nie mit Schuhen!

Alles eingepackt?

Du bist ganz aufgeregt, weil es zum Wettkampf in eine andere Stadt geht. Du hast gut geübt und fühlst dich gut vorbereitet. Nun stelle dir aber vor, du kommst zum Wettkampfort, stehst im Umkleideraum, räumst deine Sporttasche aus und … wo ist mein neuer orange-gelber Gürtel? Er ist daheim – weit weg! Einfach vergessen! Der Trainer hat noch einen Gürtel dabei, aber der ist weiß …! Es nützt nichts, den musst du nehmen, sonst hält die Jacke nicht.

Deine Eltern können natürlich beim Taschepacken helfen, aber jeder Judoka ist selbst für seine vollständige und ordentliche Sportausrüstung verantwortlich!

Die Checkliste

Viele Sportler kennen das bange Gefühl, zum Training oder einem entscheidenden Wettkampf etwas zu vergessen. Deshalb ist es wichtig, alles rechtzeitig vorzubereiten. Packe deine Sporttasche am Abend zuvor, so kannst du beruhigt schlafen gehen.

Bei vielen erfolgreichen Sportlern hat sich eine Checkliste bewährt. Du schreibst alles auf, was du mitnehmen willst. Was eingepackt ist, bekommt ein Häkchen. Verwende einen Bleistift, damit du das Häkchen vor dem nächsten Packen immer wieder ausradieren kannst.

Meine Checkliste

☐ Jacke (evtl. auch blau)

☐ Hose (evtl. auch blau)

☐ Gürtel + roter und weißer Gürtel zur Unterscheidung

☐ Warme Socken

☐ T-Shirt für Mädchen

☐ Duschzeug

☐ _____

☐ _____

☐ _____

☐ _____

☐ _____

☐ _____

☐ _____

☐ _____

Auf die leeren Zeilen schreibst du, was du sonst noch nicht vergessen darfst.

Schreibe in dieses Rätsel die japanischen Begriffe für Hose, Jacke und Gürtel!

			K	
			m	
			o	
Z	u	b	o	n
			n	
		o	b	i

.... 6 Grundlagen

Gleich in den ersten Judo-Übungsstunden wird dir dein Trainer zeigen, welche Bewegungen ganz wichtig für den Judoka, für das Erlernen der Techniken und für den Kampf mit dem Partner sind. Deshalb wollen wir – bevor es zu den Techniken für die Gürtelprüfungen geht – diese wichtigen Grundkenntnisse hier beschreiben.

Zu den Grundlagen eines Judokas gehört auch die Kenntnis der wichtigsten japanischen Begriffe. Diese findest du an vielen Stellen im Buch. Präge sie dir gut ein.

47

REI – der Gruß

Zum Judo gehört unbedingt das korrekte Grüßen, was aus Japan über-
nommen wurde. Es ist nicht nur ein Ausdruck von Höflichkeit und Respekt, sondern auch ein wichtiger Moment der Ruhe, Entspannung und
Konzentration.

RITSU-REI – das Verbeugen im Stehen

Mit diesem Gruß wird der Partner zum Üben aufge-
fordert. Er zeigt so ebenfalls, dass er bereit ist. Auch
bei offiziellen Wettkämpfen wird so vor und nach dem
Kampf gegrüßt.

- *Die Füße sind schulterbreit auseinander.*
- *Der Oberkörper wird leicht nach vorn geneigt.*
- *Die Arme und Hände (mit geschlossenen Fingern) liegen dicht
  am Körper.*

ZA-REI – das Verbeugen im Knien

Dieser Gruß findet am Anfang und am Ende des Trainings statt. Dazu setzen
sich die Schüler in der Reihenfolge ihres KYU-Grades dem Trainer gegenüber.
Wenn der ranghöchste Schüler „MAKUSO" ruft, konzentrieren sich alle.

- *Auf „ZA-ZEN" wird der Fersensitz eingenommen.*
- *Erst mit dem linken Knie aufsetzen. Dann das rechte Knie danebensetzen.
  Die Zehen bleiben aufgestellt.*
- *Beim Absetzen des Pos auf die Fersen werden
  auch die Zehen gestreckt.*
- *Bei „REI" verbeugen sich alle gleichzeitig.*

*Bald wirst du spüren, wie wichtig auch dir das traditionelle REI zu
Beginn und am Ende der Übungsstunden sowie vor und nach den
Übungen mit einem Partner ist.*

Bewegen wie ein Judoka

SHISEI – Stehen

Ziel im Judo ist, den Gegner auf den Boden zu werfen. Dafür brauchst du einen guten Stand. Willst du selbst nicht fallen, solltest du so sicher und fest wie möglich stehen.

- **SHIZENTAI – normaler Stand**
  Bei der normalen Stellung kann der rechte oder der linke Fuß vorn stehen. In der Grundstellung können die Füße auch parallel stehen.

- **JOGITAI – Verteidigungsstellung**
  In der Verteidigungsstellung ist der Körperschwerpunkt tiefer, die Beinstellung breiter und die Knie sind mehr gebeugt.

SURI-ASHI – normales Gehen auf der Matte

Beim normalen Gehen überholen sich die Füße wechselseitig. So kannst du auch auf der Judomatte gehen. Mit einem „schlurfenden Schritt" hast du immer Kontakt zur Matte.

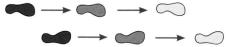

TSUGI-ASHI – Nachziehen

Bei dieser Fortbewegung gleiten die Füße über die Matte vorwärts, rückwärts, seitwärts oder schräg. Dabei überholen sich die Füße nicht gegenseitig, sondern werden nur nachgezogen.

Judoka sind erdverbunden! Achte immer darauf, dass du guten Kontakt zur Matte hast, der Körper aufrecht ist und du immer im Gleichgewicht bist.

KUMI-KATA – Greifen

Mit dem richtigen und sicheren Griff kannst du deinen Gegner kontrollieren und durch Schieben und Ziehen aus dem Gleichgewicht bringen. Je nach dem, was du vorhast und wie dein Gegner sich verhält, versuchst du, eine der verschiedenen Griffarten anzubringen. Diese wirst du nach und nach erlernen.

Ärmel-Revers-Griff

Bei diesem häufigsten Griff greift die eine Hand das Revers des Gegners etwa in Schlüsselbeinhöhe und die andere den Ärmel in Höhe des Ellbogens. Für diesen Griff gibt es verschiedene Varianten:

- *Am Ärmel: tief, mittel und hoch.*
- *Am Revers: tief, mittel und hoch.*

Doppel-Reversgriff

Du greifst mit beiden Händen das Revers deines Gegners. Dabei fasst du über oder unter dessen Armen hindurch.

Doppel-Ärmelgriff

Mit beiden Händen fasst du die Ärmel deines Gegners – am besten am unteren Ende.

Einige Griffe, wie z. B. das Greifen in den Nacken, sind bei Kindern (U 11) nicht erlaubt, weil sie zu gefährlich sind.

KUZUSHI – das Gleichgewicht brechen

Wenn du geschickt auf die Bewegungen deines Gegners reagierst, kannst du ihn aus dem Gleichgewicht bringen. Das geschieht z. B. durch Ausweichen oder Nachgeben.

Aber auch mit eigenen Aktionen lässt sich das Gleichgewicht des Gegners brechen. Das versuchst du durch Ziehen, Schieben sowie durch seitliche oder kreisförmige Bewegungen um den Partner herum.

TAI-SABAKI – Körperdrehungen und Positionsveränderungen

Du willst den Partner durch Griffe und Fußbewegungen – aber auch durch Drehungen in eine günstige Wurfposition bringen. Du weichst aber auch aus, steigst über oder blockst, um dich gegen einen Wurf zu verteidigen.

Achte bei allen Körperdrehungen und Positionsveränderungen immer darauf, dass du gleich wieder eine stabile Position hast.

51

Der Kinderpass

Die Jüngsten können von ihrem Judotrainer den Kinderpass des Deutschen Judo-Bundes erhalten. Er gilt als Mitgliedsausweis für Kinder von 5-7 Jahren.

Wenn du eine Technik gut erlernt hast und vorzeigen kannst, dann erhältst du von deinem Trainer einen **Aufkleber**, den du in deinen **Judopass** einkleben kannst.

Diese Aufkleber siehst du hier auf dem Sticker-bogen.

Es gibt aber auch Sticker für gute Mitarbeit und Leistungen bei anderen Übungen oder für lobenswertes Verhalten in der Gruppe.

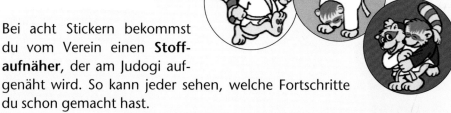

Bei acht Stickern bekommst du vom Verein einen **Stoffaufnäher**, der am Judogi aufgenäht wird. So kann jeder sehen, welche Fortschritte du schon gemacht hast.

Kinder, die schon ganz früh zum Judo gekommen sind und fleißig üben, können Judosticker und Aufnäher am Judoanzug erwerben. Wer alle Aufgaben erfüllt und damit 32 Sticker gesammelt hat, kann mit sieben Jahren den gelb-weißen Gürtel auch ohne Gürtelprüfung erhalten.

•••••••••••••••••••••••••••••• 7
8. KYU – weiß-gelber Gürtel

Wie jeder Judoneuling bindest du dir am Anfang die Jacke mit einem weißen Gürtel. Dabei wird es aber nicht lange bleiben. Schnell lernst du die ersten Techniken.

Fühlst du dich sicher genug, kannst du ab sieben Jahren die erste KYU-Prüfung machen. Die Anforderungen dafür findest du auf den nächsten beiden Seiten.

Wir haben dir auf den nächsten Seiten die Anforderungen für deine erste Gürtelprüfung zusammengestellt. Was du im Judotraining gelernt hast, kannst du hier noch einmal in Ruhe anschauen. Mit den kurzen Erklärungen wollen wir dir helfen, die Bewegungen besser zu verstehen.

Auch bei den besten Judoka und den Judotrainern gibt es manchmal unterschiedliche Meinungen zur Ausführung der Techniken. Sollten wir mal etwas anders sehen, als dir dein Trainer erklärt, dann frage ihn danach.

So schaffst du den weiß-gelben Gürtel (8. KYU)

In der Prüfungsordnung des Deutschen Judo-Bundes sind für den 8. KYU bestimmte Aufgaben festgelegt. Jede Prüfung besteht aus **sechs Prüfungsfächern**, welche du auf diesen beiden Seiten findest. Im Training wirst du dich gut darauf vorbereiten und fleißig üben. Ab deinem **siebten Lebensjahr** kannst du dich zur Prüfung für den weiß-gelben Gürtel anmelden. Dein Trainer wird sich um alles kümmern.

1 Falltechnik (3 Aktionen)

USHIRO-UKEMI – Rückwärtsfallen ☐
YOKO-UKEMI – Seitwärtsfallen (rechts) ☐
YOKO-UKEMI – Seitwärtsfallen (links) ☐

2 Grundform der Wurftechniken (2 Aktionen)

Die Wahltechniken kannst du zu beiden Seiten üben. Zur Prüfung reicht die Demonstration zu einer Seite.

O-GOSHI – großer Hüftwurf (rechts oder links) ☐
oder
UKI-GOSHI – Hüftschwung (rechts oder links) ☐

O-SOTO-OTOSHI – großer Außensturz (rechts oder links) ☐
oder
TAI-OTOSHI (wahlweise, siehe S. 93) ☐

Hinter allen Aufgaben findest du ein kleines Kästchen. Bist du sicher, dass du die Aufgabe ausreichend geübt hast und sie für die Gürtelprüfung beherrschst, dann mache ein Kreuzchen hinein! So kannst du immer überprüfen, ob du gut vorbereitet bist.

3 Grundform der Bodentechniken (2 Aktionen)

Die Bodentechniken solltest du zu beiden Seiten üben. Zur Prüfung reicht die Demonstration zu einer Seite.

KUZURE-KESA-GATAME – Variante des Schärpen-Haltegriffs (rechts oder links) ☐
MUNE-GATAME – Brust-Haltegriff (rechts oder links) ☐

4 Anwendungsaufgaben Stand (2 Aktionen)

Wenn Uke schiebt und/oder vorkommt, wirft Tori
UKI-GOSHI
oder O-GOSHI. ☐
oder TAI-OTOSHI ☐
Wenn Uke zieht und/oder zurückgeht, wirft Tori ☐
O-SOTO-OTOSHI.

5 Anwendungsaufgaben Boden (2 Aktionen)

Zwei unterschiedliche Verkettungen von kontrolliertem Werfen mit anschließendem Haltegriff und nachfolgender Befreiung von Uke.
Z. B.: *Von kontrolliertem Werfen zu anschließenden Haltegriffen und nachfolgenden Befreiungen.* ☐ ☐

6 Randori (3-5 Randori jeweils 1 min)

Aus dem Kniestand wird Boden-Randori begonnen. Das bedeutet freies Kämpfen, um die erlernten Haltegriffe und Befreiungen zu erproben. ☐

USHIRO-UKEMI – Rückwärtsfallen

Bei vielen Wurftechniken, wie z. B. beim Wurf O-SOTO-OTOSHI, fällt Uke nach hinten. Damit du dir dabei nicht wehtust, musst du das Fallen erst einmal einzeln üben.

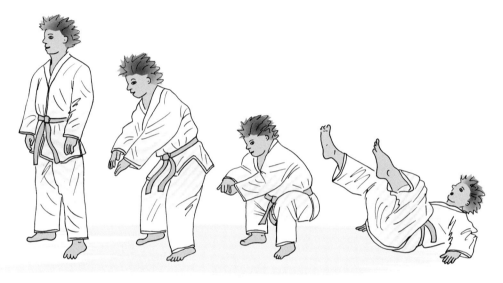

- *Du stehst in normaler Grundstellung.*
- *Kreuze die Arme vor dem Körper.*
- *Drücke dein Kinn auf die Brust.*
- *Gehe in die Hocke und setze dich dicht an deine Fersen.*
- *Nun werden die Arme angehoben. So machst du einen Rundrücken.*
- *Gehe mit dem Po so tief, dass er fast den Boden berührt.*
- *Falle nach hinten und rolle über den Rücken.*
- *Schlage mit fast gestreckten Armen neben dem Körper ab.*
- *Dabei wird die Hüfte nicht angehoben.*
- *Indem du die Beine in die Luft streckst, kannst du das Abrollen abbremsen.*

Hebe deinen Kopf immer etwas hoch, damit er nicht auf die Matte schlägt.

YOKO-UKEMI – Seitwärtsfallen aus dem Stand
(beidseitig)

Bei Würfen, wie z. B. O-GOSHI, UKI-GOSHI oder TAI-OTOSHI fällt Uke seitlich. Auch diese Fallübung wird aus dem Stand ausgeführt.

- *Du machst einen Ausfallschritt zur linken Seite und hebst dabei den rechten Arm auf Schulterhöhe.*

- *Nun führst du das rechte Bein und den rechten gestreckten Arm vor dem Körper vorbei nach links.*

- *Gehe mit dem Standbein in die Hocke, bis du dicht neben deiner linken Ferse sitzt.*

- *Du gleitest mit dem Bein am Boden, als ob du ausrutschst.*

- *Mit dem gestreckten Arm schlägst du fest auf die Matte.*

- *Am Ende liegst du in Seitenlage. Der Kopf berührt nicht die Matte.*

Übe YOKO-UKEMI nach rechts und nach links gleich intensiv. Der Bewegungsablauf ist der Gleiche.

Fallübungen

Für niemanden ist es leicht, einfach so umzufallen. Wir haben einen natürlichen Reflex, das Gleichgewicht zu halten oder uns mit den Armen abzufangen. Deshalb wird das richtige „Judofallen" im Training viel geübt und bei den Gürtelprüfungen verlangt.

Auch daheim kannst du üben. Schaffe dir ausreichend Platz, lege eine Matte oder Decke unter und lass dir von Eltern oder Geschwistern helfen.

1 Abschlagen

Ein wichtiges Element beim Fallen ist das feste Abschlagen mit den Armen. Übe mal nur das Abschlagen in der Rückenlage. Dabei sind Kopf und Beine oben.

2 Abschlagen

Damit du nicht gleich so hoch fällst, versuch es doch erst einmal aus der Hocke. Nimm das Kinn auf die Brust, lass dich nach hinten rollen und schlage kräftig ab.

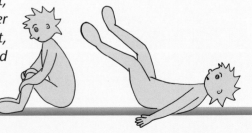

Spanne beim Fallen deine Halsmuskeln an, um den Kopf zu halten!

3 Abstoßen

Hocke dich vor eine Wand. Nun stoße dich davon mit den Händen ab. Nicht vergessen: Halsmuskeln anspannen und abschlagen!

4 Über ein Hindernis rollen

Baue dir ein Hindernis (zusammengerollte Decke, dickes Kissen o. Ä.), über das du fallen kannst. Um den Rücken schön rund zu machen, kannst du anfangs die Hände an deine Schienbeine halten.

5 Vorübung fürs seitliche Fallen

- *Du bist in der Hocke mit der linken Hand auf der Schulter.*
- *Du streckst das linke Bein nach vorn.*
- *Das gestreckte Bein wird nun nach rechts geschoben und du fällst nach links.*
- *Mit dem linken Arm schlägst du neben dem Körper ab.*

Achte darauf, dass du das seitliche Fallen nach rechts genauso wie nach links übst!

O-GOSHI – großer Hüftwurf

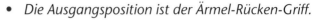

- *Die Ausgangsposition ist der Ärmel-Rücken-Griff.*
- *Durch starkes Ziehen nach vorn oben bringst du Uke aus dem Gleichgewicht.*
- *Anschließend drehst du dich ein und stehst mit dem Rücken zu ihm (Rücken-Bauch-Kontakt).*
- *Du stehst sicher auf beiden Beinen.*

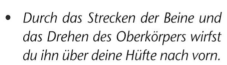

- *Nun gehst du in die Knie, knickst die Hüfte unter seinem Schwerpunkt ab und hebst Uke aus.*

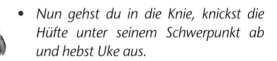

- *Durch das Strecken der Beine und das Drehen des Oberkörpers wirfst du ihn über deine Hüfte nach vorn.*
- *Uke schlägt mit dem Arm ab.*

- *Halte den rechten Arm deines Partners und kontrolliere so seinen Fall bis zur Endposition.*

Zum Merken: Ziehen – Eindrehen – Ausheben – Werfen!

60

UKI-GOSHI – Hüftschwung

Bei UKI-GOSHI wird Uke nicht ausgehoben, sondern herumgeschleudert!

- *Die Ausgangsposition ist der Ärmel-Rücken-Griff.*
- *Bringe Uke durch starkes Ziehen nach vorn oben aus dem Gleichgewicht.*
- *Du drehst dich aufrecht vor ihm ein (Rücken-Bauch-Kontakt).*

- *Du stehst sicher auf beiden Beinen.*
- *Durch das starke Ziehen und die schnelle Drehung schleuderst du Uke über deine Hüfte nach vorn.*

- *Kontrolliere seinen Fall bis zur Endposition. Dabei hältst du seinen rechten Arm.*

Das Gemeinsame von O-GOSHI und UKI-GOSHI ist das Ziehen nach vorn oben aus dem Gleichgewicht, der sichere Stand auf beiden Beinen, der Rücken-Bauch-Kontakt, das Werfen über die Hüfte und das Sichern in der Endposition.

O-SOTO-OTOSHI – großer Außensturz

- *Ausgangsposition für diesen beidseitigen Wurf ist der Ärmel-Revers-Griff.*
- *Beide Kämpfer ziehen sich gegenseitig.*
- *Nutze den Zug Ukes aus, gehe den Zug mit und führe einen großen Schritt links neben ihn aus.*

- *Anschließend bringst du dein rechtes Bein hinter sein rechtes Bein.*
- *Ihr steht Wade an Wade.*
- *Stehe fest auf beiden Beinen.*

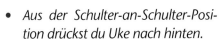

- *Aus der Schulter-an-Schulter-Position drückst du Uke nach hinten.*
- *Der Weg nach hinten ist aber durch dein Bein blockiert, sodass er fällt.*

- *Du kontrollierst mit geradem Oberkörper und sicherem Stand mit leicht gebeugten Beinen, wie er in die seitliche Rückenlage fällt.*

Zum Merken: Großer Schritt – Werfen!

Achte auf deinen Partner

Ohne Partner kannst du den Judosport nicht betreiben. Du kannst keine Würfe oder Haltegriffe ansetzen und kannst auch nicht zeigen, wie du dich geschickt befreist. Für den sportlichen Kampf brauchst du also einen Partner!

Du möchtest deinen Partner mit Judokunst besiegen – aber ihn nicht verletzen. Achte auf das Wohl deines Partners:

- Nimm Rücksicht auf das Alter und die körperliche Entwicklung deines Übungspartners.
- Wirf behutsam und sichere seinen Fall. Halte dafür die Jacke deines Partners am Ärmel fest.
- Falle niemals auf deinen Partner!
- Greife den Judoanzug nicht im Nacken am Kragen.
- Gewinne mit Technik und nicht mit Gewalt!
- Halte deinen Partner fest – aber verletze ihn nicht!

KUZURE-KESA-GATAME – Schärpen-Haltegriff

Dies ist eine Variante von KEZA-GATAME. Bei allen Haltegriffen dieser Gruppe liegst du diagonal über Uke – so wie eine Schärpe. Dabei ist ein Arm eingeklemmt und die Beine sind zum Abstützen gegrätscht.

- *Du kniest neben Uke.*
- *Nun greifst du seinen rechten Arm und klemmst ihn unter deine eigene Achsel.*

- *Schiebe deine Hand unter der gegenüberliegenden Achsel hindurch.*
- *Mit deiner rechten Hand kannst du dich am Boden abstützen oder seinen Ärmel fassen.*

- *Du legst dich auf Uke und belastest ihn so mit deinem Oberkörper.*
- *Halte deine Beine gespreizt, um so eine stabilere Position zu haben.*

Befreiung aus KUZURE-KESA-GATAME

Hält dein Partner seinen KUZURE-KESA-GATAME 25 Sekunden, hat er dich besiegt. Deshalb willst du dich dich so schnell wie möglich daraus befreien.

Weil du jetzt die Aktion ausführst, wirst du zu Tori, der auf unseren Zeichnungen nun den blauen Anzug anhat.

Aufrichten

- *Du schiebst deine Beine und die Hüfte zur Seite und drückst den Oberkörper des Partners weg.*
- *Richte dich mit Schwung auf und drücke ihn nach hinten um.*

Überrollen

- *Unten liegend, versuchst du, mit deinem Bein das Bein Ukes zu schnappen und mit beiden Beinen zu umklammern.*
- *So ist das Festhalten nicht mehr gültig.*
- *Anschließend kann Uke überrollt werden.*
- *So kannst du selbst einen Haltegriff ansetzen.*

Weitere Varianten zur Befreiung wird dir dein Trainer zeigen!

65

MUNE-GATAME – Brust-Haltegriff

- *Du kniest neben Uke.*
- *Greife seinen rechten Arm und schiebe ihn unter deine eigene Achsel.*

- *Nun greifst du unter Ukes Kopf durch.*
- *Du legst dich auf ihn und hast Brust-Brust-Kontakt.*

- *Mit dem anderen Arm greifst du unter seiner linken Achsel hindurch.*
- *Wenn du deine eigene Hand fasst, ist dieser Haltegriff noch sicherer.*

- *In der Endposition kannst du die Beine angewinkelt oder auch gestreckt haben!*
- *Halte deine Hüfte möglichst flach.*

Achte darauf, dass du deinen Partner nicht verletzt. Deshalb darf nicht nur der Kopf festgehalten, sondern muss auch der gesamte Körper kontrolliert werden. Ein Druck auf die Wirbelsäule ist zu riskant und wird vom Kampfrichter bestraft.

Befreiung aus MUNE-GATAME

Natürlich willst du dich so schnell wie möglich aus dem Haltegriff befreien, um selbst einen Haltegriff anzusetzen.

Überrollen

- *Du drehst deinen Körper Uke zu.*
- *Klemme nun das Bein von Uke zwischen deine Beine.*
- *Du greifst über seinen Arm dessen Rücken.*
- *So kannst du ihn über dich hinweg auf den Rücken drehen.*

Umkippen

- *Um dich zu befreien, klemmst du mit deinem Kopf den Arm Ukes fest, damit er sich damit nicht abstützen kann.*
- *Nun gehst du in die Brücke und drückst deinen Bauch ganz hoch.*
- *Geschieht diese Aktion mit Schwung und Kraft, dann kippt er zur Seite um.*

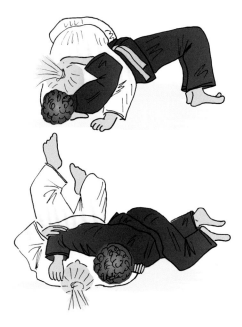

Anwendungsaufgaben im Stand
(2 Aktionen)

Bei dieser Aufgabe willst du den Prüfern zeigen, welche Würfe du aus der Bewegung schon ausführen kannst:

- Wenn Uke schiebt und/oder vor-kommt, wirft Tori mit UKI-GOSHI, O-GOSHI oder TAI-OTOSHI.
- Wenn Uke zieht und/oder zurück-geht, wirft Tori O-SOTO-OTOSHI.

Anwendungsaufgaben am Boden
(2 Aktionen)

Bei dieser Aufgabe zeigst du zwei unterschiedliche Verkettungen:

- von kontrolliertem Werfen
- mit anschließendem Haltegriff und
- nachfolgender Befreiung von Uke.

Schreibe auf die Zeilen, welche Kombinationen du geübt hast und vorzeigen kannst!

_____

_____

_____

_____

Randori

Beim freien Kämpfen (**3-5 Aktionen zu jeweils 1 min**) kannst du nun zeigen, welche Haltegriffe und Befreiungen du erlernt hast. Aus dem Kniestand wird **Boden-Randori** begonnen. Die Partner sprechen beim freien Üben die Techniken nicht ab.

Achte darauf, dass du auf die Aktionen deines Partners entsprechend reagierst und plane selbst, was du tun willst. Es gibt keine Punktwertung und auch keinen Sieger oder Verlierer. Lass deinen Partner auch zeigen, was er kann.

Tipps für Randori

- Randori ist ein „spielerisches Raufen".
- Du sollst nicht krampfhaft und mit allergrößter Kraft kämpfen – sondern mit Technik und Klugheit!
- Zeige, was du kannst!
- Bleib in Bewegung und lass dir etwas einfallen!

Beim Randori kannst du das Gelernte anwenden und die Partner sammeln Erfahrungen.

•••••••••••••••••••••••••••••••••• 8
7. KYU – gelber Gürtel

Nun möchtest du die Prüfung für den gelben Gürtel ablegen. Dafür wirst du wieder neue Techniken erlernen. Diese haben wir dir in diesem Kapitel aufgeführt.

Die Falltechniken rückwärts und seitwärts hast du schon für den 8. KYU benötigt. Diese musst du auch hier wieder zeigen. Genauso werden die Würfe O-GOSHI und UKI-GOSHI noch einmal verlangt. Bist du nicht mehr ganz sicher, dann schlage im Kapitel zum 8. KYU nach.

Diese neuen Techniken wirst du erlernen

Falltechniken: MAE-MAWARI-UKEMI

Wurftechniken: O-GOSHI
UKI-GOSHI
O-UCHI-GARI
SEOI-OTOSHI

Bodentechniken: HON-KEZA-GATAME
YOKO-SHIHO-GATAME
TATE-SHIHO-GATAME
KAMI-SHIHO-GATAME

71

So schaffst du den gelben Gürtel (7. KYU)

In der Prüfungsordnung des Deutschen Judo-Bundes sind für den 7. KYU bestimmte Aufgaben festgelegt. Jede Prüfung besteht aus **sechs Prüfungsfächern**, welche du auf diesen beiden Seiten findest. Im Training wirst du dich gut darauf vorbereiten und fleißig üben. Ab deinem **achten Lebensjahr** kannst du dich zur Prüfung für den gelben Gürtel anmelden. Dein Trainer wird sich um alles kümmern.

1 Falltechnik (5 Aktionen)

USHIRO-UKEMI – Rückwärtsfallen □
YOKO-UKEMI – Seitwärtsfallen (rechts) □
YOKO-UKEMI – Seitwärtsfallen (links) □
MAE-MAWARI-UKEMI – Judorolle mit Liegenbleiben (rechts) □
MAE-MAWARI-UKEMI – Judorolle mit Liegenbleiben (links) □
oder
MAE-MAWARI-UKEMI – Judorolle mit Aufstehen (rechts) □
MAE-MAWARI-UKEMI – Judorolle mit Aufstehen (links) □

2 Grundform der Wurftechniken (4 Aktionen)

Die Hüfttechnik und die Innensichel solltest du zu beiden Seiten üben. Zur Prüfung reicht die Demonstration zu einer Seite. Wir empfehlen, die beiden Hüftwürfe aus der Rechtsauslage zur linken Seite oder umgekehrt zu üben.

O-GOSHI – großer Hüftwurf (rechts oder links) □
UKI-GOSHI – Hüftschwung (rechts oder links) □
O-UCHI-GARI – große Innensichel (rechts oder links) □
SEOI-OTOSHI – Schultersturz □

Hinter allen Aufgaben findest du ein kleines Kästchen. Bist du sicher, dass du die Aufgabe ausreichend geübt hast und sie für die Gürtelprüfung beherrschst, dann mache ein Kreuzchen hinein! So kannst du immer überprüfen, ob du gut vorbereitet bist.

3 Grundform der Bodentechniken (4 Aktionen)

Die Bodentechniken solltest du zu beiden Seiten üben.
Zur Prüfung reicht die Demonstration zu einer Seite.

HON-KESA-GATAME – Schärpen-Haltegriff (rechts oder links) ☐
YOKO-SHIHO-GATAME – Seitvierer (rechts oder links) ☐
TATE-SHIHO-GATAME – Reitvierer ☐
KAMI-SHIHO-GATAME – Kopfvierer ☐

4 Anwendungsaufgaben Stand (2 Aktionen)

Wenn Uke schiebt und/oder vorkommt, wirft Tori UKI-GOSHI ☐
oder O-GOSHI ☐
oder SEOI-OTOSHI. ☐
Wenn Uke zieht und/oder zurückgeht, wirft Tori O-UCHI-GARI. ☐

5 Anwendungsaufgaben Boden (7 Aktionen)

Befreiung aus HON-KESA-GATAME ☐
Befreiung aus YOKO-SHIHO-GATAME ☐
Befreiung aus TATE-SHIHO-GATAME ☐
Befreiung aus KAMI-SHIHO-GATAME ☐
Angriff gegen Uke in Bankposition mit Haltegriff beenden ☐
Angriff gegen Uke in Bauchlage mit Haltegriff beenden ☐
Wechsel von Haltegriff zu Haltegriff unter Ausnutzung der Befreiungs- ☐
versuche von Uke (*z. B.: von KUZUR-KESA-GATAME zu MUNE-GATAME*)

6 Randori (4-6 Randori jeweils 1 min)

Boden-Randori beginnen, nachdem Uke nach einem
Wurf eine korrekte Falltechnik gemacht hat. ☐

MAE-MAWARI-UKEMI – Judorolle (beidseitig)

Diese Fallübung musst du beidseitig ausführen können. Dabei kannst du dich selbst entscheiden, ob du liegen bleibst oder aufstehst.

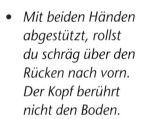

- *In Hockstellung bringst du dein linkes Bein und den linken Arm leicht nach vorn. Die Arme und Hände bilden ein „Rad, auf dem du rollen willst".*

- *Mit beiden Händen abgestützt, rollst du schräg über den Rücken nach vorn. Der Kopf berührt nicht den Boden.*

Liegenbleiben

- *Du landest in der Seitenlage und schlägst dicht neben dem Körper mit dem rechten Arm ab. In der Endposition dürfen deine Beine nicht über Kreuz liegen!*

Wenn du deine Judorolle mit viel Schwung ausführst, dann kannst direkt aus der Rollbewegung in den Stand gelangen.

Aufstehen

- *Drücke dich mit der rechten Hand ab und stehe über die fast gestreckten Beine auf.*
- *In der Endposition stehst du fest auf beiden Füßen.*

Sicheln und Fegen

Bei einigen wichtigen Wurftechniken wird gesichelt oder gefegt. Das bedeutet aber nicht, dass du jetzt eine Sichel zum Schneiden oder einen Besen zum Kehren brauchst! Mit diesen Techniken kannst du deinen Partner zu Fall bringen. Ihre Bezeichnungen kommen von der Art der Ausführung.

Zuerst bringst du durch Ziehen und Schieben deinen Partner in die gewünschte Position.

Ein belastetes Bein, das fest am Boden steht und allein das Gleichgewicht hält, kannst du **sicheln**. Wie ein Getreidehalm, der fest im Boden angewachsen ist und mit der Sichel geschnitten wird.

Ein Bein, das gerade unbelastet ist kannst du **fegen**. Dafür bewegst du deinen Fuß wie einen Besen der die geschnittenen Halme wegfegt.

Übe die Bewegung daheim auf dem Teppich. Je häufiger du die Bewegung machst, desto sicherer und schneller wirst du sie beim Wurf ausführen können.

Hier siehst du die Sichelbewegung bei der großen Innensichel.

O-UCHI-GARI – große Innensichel

- *Ausgangspunkt ist der doppelte Reversgriff oder Ärmel-Revers-Griff.*
- *Du bringst Uke durch Ziehen dazu, selbst zu ziehen oder einen Schritt zurückzugehen.*
- *Nun gehst du schnell mit dem linken Fuß einen kleinen Schritt nach vorn mit.*

- *Gleich darauf sichelst du mit dem rechten Bein von innen Ukes Bein nach außen hinten weg. Achte dabei auf den Kniekehlen-Kniekehlen-Kontakt (oder Wade-Wade-Kontakt).*

- *Du drückst Uke dabei nach hinten, damit er das Gleichgewicht verliert.*
- *Du löst den Griff und Uke fällt nach hinten.*
- *Anfänger fallen auf den Rücken. Später wirst du seitlich fallen – auf die Seite, auf der du gesichelt wurdest.*

Zum Merken: Sicheln – Umdrücken – Loslassen!

SEOI-OTOSHI – Schultersturz

- *Ausgangspunkt ist der doppelte Reversgriff oder Ärmel-Revers-Griff.*
- *Du bringst Uke durch starken Ziehen am Revers nach vorn oben aus dem Gleichgewicht.*

- *Dann drehst du dich vor ihm ein.*
- *Dabei geht dein rechter Arm wie ein Haken unter Ukes Arm.*
- *So klemmst du ihn in der Armbeuge ein.*
- *Es entsteht ein enger Bauch-Rücken-Kontakt.*

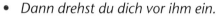

- *Du stehst sicher in sehr weitem Grätschstand.*
- *So kannst du Uke über Oberarm und Schulter nach vorn werfen.*

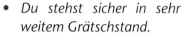

- *Beim Wurf drehst du deinen Oberkörper etwas zur Seite.*

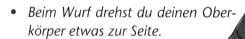

- *In der Endposition sicherst du deinen Partner.*

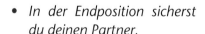

Zum Merken: Reversgriff über dem Arm – Eindrehen – Wurf über Oberarm und Schulter!

77

HON-KESA-GATAME – Schärpen-Haltegriff

- *Du kniest neben Uke.*
- *Schräg von der Seite umschlingst du seinen Arm.*
- *Klemme den Arm unter deiner Achsel ein.*

- *Lege dich auf Uke.*
- *Stütze deine Hand neben seinem Kopf auf.*
- *Gehe in den Grätschsitz.*
- *Es besteht enger Seite-Seite-Kontakt.*

- *Du greifst um den Nacken Ukes herum und fasst dessen Revers.*
- *So hast du seinen Kopf fest.*
- *Senke deinen Kopf ab und belastet Uke damit noch mehr.*
- *Stütze dich mit gespreizten Beinen ab.*

Zum Merken: Arm umschlingen – Einklemmen – Kopf kontrollieren – mit der Seite belasten!

Befreiung aus HON-KESA-GATAME

Diagonalbrücke

Zur Befreiung drehst du dich mit deiner Hüfte zu Uke hin und fasst dabei in seinen Gürtel.

- *Ziehe Uke so eng wie möglich an dich heran.*
- *Hebe Uke kurz an.*
- *Schiebe deine Hüfte unter Ukes Körper.*

- *Zieh ihn schräg über dich.*
- *Uke liegt so auf deinem Bauch.*

- *Durch eine Schulterbrücke kannst du Uke über deine Schulter drehen.*
- *Rolle dich mit.*

- *Nun richte dich auf und halte ihn selbst mit HON-KESA-GATAME.*

Auf den Bauch drehen

- *Fasse Ukes Gürtel.*
- *Mit einer ruckartigen Drehung zu Uke hin ziehst du deinen Arm aus der Klemme.*

- *Drehe dich mithilfe des freien Arms und des Gürtelgriffs immer weiter zu Uke hin.*
- *Liegst du auf dem Bauch, hast du dich aus der Kontrolle befreit.*

79

YOKO-SHIHO-GATAME – Seitvierer

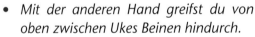

- *Neben Uke kniend, greifst du mit der einen Hand unter Ukes Kopf.*

  - *Lege dich mit deinem Oberkörper auf Uke.*
  - *Stelle engen Brust-Brust-Kontakt her.*
  - *Ziehe Ukes Arm dicht an die Seite.*

- *Mit der anderen Hand greifst du von oben zwischen Ukes Beinen hindurch.*
- *Kontrolliere seinen Arm.*
- *Belaste ihn mit deiner Brust.*
- *Halte deine Hüfte flach am Boden.*

- *Du kannst die Beine gebeugt oder gestreckt halten.*

Zum Merken: *Unter den Kopf greifen – zwischen den Beinen hindurch-greifen – mit der Brust belasten – Hüfte flach halten!*

Befreiung aus YOKO-SHIHO-GATAME

- *Du schiebst mit der flachen Hand Ukes Kopf weg.*

- *Nun legst du dein Bein hinter Ukes Nacken.*

- *Umschlinge mit dem einen Arm von oben und mit dem anderen Arm von unten Ukes Unterschenkel.*

- *Ziehe Uke über deinen Kopf.*
- *Rolle mit und drehe dich dabei auf ihn.*

- *Nun halte selbst mit YO-KO-SHIHO-GATAME.*

Auch für die Befreiung aus YOKO-SHIHO-GATAME gibt es weitere Möglichkeiten, die du im Judotraining erlernst.

TATE-SHIHO-GATAME – Reitvierer

- *Du kniest seitlich neben Uke.*
- *Umschlinge seinen Arm.*

- *Setze dich auf Uke.*
- *Umschlinge mit dem anderen Arm Ukes Nacken.*
- *Lege dich fest auf ihn.*

- *Von innen kannst du Ukes Beine durch Einhaken mit deinen Füßen blockieren.*

Zum Merken: *Arm einklemmen – über Uke setzen – Kopf umschlingen – Uke belasten – Beine umschlingen!*

Befreiung aus TATE-SHIHO-GATAME

Aufbrücken und Überrollen

- *Du klemmst mit deinem Fuß Ukes Fuß ein.*

- *Mit deiner Hand packst du Ukes Arm und drückst ihn dicht an deinen Körper.*
- *So hast du beide Stützen fest.*

- *Du gehst in die Brücke und kannst Uke mit dir drehen.*

Zum Merken: **Fuß und Arm blockieren – in die Brücke gehen – seitwärts rollen!**

83

KAMI-SHIHO-GATAME – Kopfvierer

- *Du beginnst von Ukes Kopf her.*

- *Gehe mit beiden Armen unter Ukes Schultern hindurch.*
- *Greife so in seinen Gürtel.*

- *Ziehe Uke mit beiden Händen fest an dich heran.*
- *Klemme seine Oberarme ein.*
- *Mache dich ganz flach.*
- *Belaste Uke mit deiner Brust und deinem Kopf.*

***Zum Merken:** Vom Kopf her kommen – Oberarme einklemmen – fest heranziehen – flach belasten!*

Befreiung aus KAMI-SHIHO-GATAME

Aufbrücken und Umkippen

- *Du ziehst die Füße an und drückst dich dichter an Uke heran.*

- *Du gehst in eine hohe Nacken-brücke und drehst dich dabei schnell über die Schulter.*

- *Mit viel Schwung kannst du Uke umkippen.*

Ziehen und Wälzen

- *Stütze dich mit den Füßen ab.*
- *Ziehe Uke auf deine Brust.*
- *Drücke ihn kräftig auf eine Seite.*

- *Nun nutzt du den Gegendruck aus und drehst ihn schnell über die an-dere Seite.*
- *Du rollst mit.*

- *Halte nun selbst mit KAMI-SHIHO-GATAME.*

85

Anwendungsaufgaben im Stand
(2 Aktionen)

Bei dieser Aufgabe willst du den Prüfern zeigen, welche Würfe du schon ausführen kannst:

- Wenn Uke schiebt und/oder vorkommt, wirft Tori mit UKI-GOSHI oder O-GOSHI oder O-SOTO-OTOSHI.
- Wenn Uke zieht und/oder zurückgeht, wirft Tori O-UCHI-GARI.

Anwendungsaufgaben am Boden
(7 Aktionen)

Bei dieser Aufgabe zeigst du zwei unterschiedliche Verkettungen von

- je eine Befreiung aus den vier Haltegriffen.
- einen Angriff gegen einen in der Bankposition befindlichen Uke mit Haltegriff beenden.

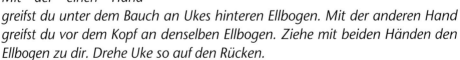

Um Uke aus der Bankposition zu kippen und anschließend einen Haltegriff anzusetzen, hast du u. a. folgende Möglichkeiten:

Stütze wegziehen
Mit der einen Hand greifst du unter dem Bauch an Ukes hinteren Ellbogen. Mit der anderen Hand greifst du vor dem Kopf an denselben Ellbogen. Ziehe mit beiden Händen den Ellbogen zu dir. Drehe Uke so auf den Rücken.

Armschlüssel
Von der Kopfseite her fasst du Uke mit der einen Hand in den Gürtel und mit der anderen unter seinen Oberarm. Durch Druck und Drehung drehst du ihn auf den Rücken.

- **Einen Angriff gegen einen in der Bauchlage befindlichen Uke mit Haltegriff beenden.**

Um Uke aus der Bauchlage auf den Rücken zu kippen und anschließend einen Haltegriff anzusetzen, hast du u. a. folgende Möglichkeiten:

Hochziehen und Drehen
Kommst du mit den Händen nicht unter Uke, greifst du die Hose und die Jacke. Schnell reißt du daran und drehst ihn so auf den Rücken.

Blockieren und Schieben
Du schiebst die eine Hand unter Ukes Arm auf seinen Nacken und die andere Hand unter dem Bein auf seinen Oberschenkel. Schiebe dich kräftig nach vorn und drehe Uke um.

- **Einen Wechsel von Haltegriffen unter Ausnutzung der Befreiungsversuche von Uke.**

Schreibe auf die Zeilen, welche Kombinationen du geübt hast und vorzeigen kannst!

_____

_____

_____

_____

_____

_____

_____

Randori

Beim freien Kämpfen (**4-6 Aktionen zu jeweils 1 min**) kannst du nun zeigen, welche Haltegriffe und Befreiungen du erlernt hast. Nachdem Uke nach einem Wurf eine korrekte Falltechnik gemacht hat, wird mit dem Boden-Randori begonnen. Die Partner sprechen beim freien Üben die Techniken nicht ab.

Achte darauf, dass du auf die Aktionen deines Gegners entsprechend reagierst und plane selbst, was du tun willst.

Der wahre Randori-Partner erweist sich darin, dass er sich über eigene erfolgreiche Aktionen genauso freuen kann wie über die seines Partners.

Tipps für Randori

- Randori ist ein „spielerisches Raufen".
- Du sollst nicht krampfhaft und mit allergrößter Kraft kämpfen – sondern mit Technik und Tricks!
- Zeige, was du kannst!
- Bleibe in Bewegung und lass dir etwas einfallen!

Beim Randori kannst du das Gelernte anwenden und die Partner sammeln Erfahrungen.

···························· 9
6. KYU –gelb-oranger Gürtel

Für den gelb-orangen Gürtel musst du mindestens neun Jahre alt sein.

Diese neuen Techniken wirst du erlernen

Wurftechniken: IPPON-SEOI-NAGE
TAI-OTOSHI
KO-UCHI-GARI
KO-SOTO-GAKE **oder**
KO-SOTO-GARI
DE-ASHI-BARAI

Bodentechniken: KESA-GATAME
YOKO-SHIHO-GATAME
TATE-SHIHO-GATAME
KAMI-SHIHO-GATAME

So schaffst du den gelb–orangen Gürtel (6. KYU)

Ab deinem **neunten Lebensjahr** kannst du dich zur Prüfung für den gelb-orangen Gürtel anmelden. Dein Trainer wird sich um alles kümmern.

1 Falltechnik (5 Aktionen)

USHIRO-UKEMI – Rückwärtsfallen ☐
YOKO-UKEMI – Seitwärtsfallen (rechts) ☐
YOKO-UKEMI – Seitwärtsfallen (links) ☐
MAE-MAWARI-UKEMI – Judorolle mit Liegenbleiben (rechts) ☐
MAE-MAWARI-UKEMI – Judorolle mit Liegenbleiben (links) ☐
oder
MAE-MAWARI-UKEMI – Judorolle mit Aufstehen (rechts) ☐
MAE-MAWARI-UKEMI – Judorolle mit Aufstehen (links) ☐

2 Grundform der Wurftechniken (5 Aktionen)

Alle Wurftechniken solltest du zu beiden Seiten üben. Zur Prüfung reicht die Demonstration zu einer Seite.

IPPON-SEOI-NAGE – Schulterwurf (rechts oder links) ☐
TAI-OTOSHI – Körpersturz ☐
KO-SOTO-GARI – kleine Außensichel **oder** ☐
KO-SOTO-GAKE – kleines äußeres Einhängen ☐
KO-UCHI-GARI – kleine Innensichel (rechts oder links) ☐
DE-ASHI-BARAI – Fußfegen ☐

3 Grundform der Bodentechniken (8 Aktionen)

KESA-GATAME – Schärpen-Haltegriff (Grundform) ☐
KESA-GATAME – Schärpen-Haltegriff (Variante) ☐
YOKO-SHIHO-GATAME – Seitvierer (Grundform) ☐
YOKO-SHIHO-GATAME – Seitvierer (Variante) ☐
TATE-SHIHO-GATAME – Reitvierer (Grundform) ☐
TATE-SHIHO-GATAME – Reitvierer (Variante) ☐
KAMI-SHIHO-GATAME – Kopfvierer (Grundform) ☐
KAMI-SHIHO-GATAME – Kopfvierer (Variante) ☐

4 Anwendungsaufgaben Stand (7 Aktionen)

Wenn Tori zieht und/oder zurückgeht, wirft Tori mit IPPON-SEOI-NAGE. ☐
Wenn Tori zieht und/oder zurückgeht, wirft Tori mit TAI-OTOSHI. ☐
Wenn UKE zieht und/oder zurückgeht, wirft Tori mit KO-UCHI-GARI. ☐
Wenn Uke zieht und/oder zurückgeht, wirft Tori mit DE-ASHI-BARAI. ☐
Wenn Uke mit IPPON-SEOI-NAGE angreift, weicht Tori aus oder steigt über. ☐
Wenn Uke mit TAI-OTOSHI-NAGE angreift, weicht Tori aus oder steigt über. ☐
Wenn Uke mit DE-ASHI-BARAI angreift, weicht Tori aus oder steigt über. ☐

5 Anwendungsaufgaben Boden (7 Aktionen)

O-UCHI-GARI mit nachfolgendem Haltegriff **oder** ☐
KO-UCHI-GARI mit nachfolgendem Haltegriff ☐
Erste Befreiung aus KESA-GATAME (z. B. Aufbrücken) ☐
Zweite Befreiung aus KESA-GATAME (z. B. Wegdrehen) ☐
Erste Befreiung aus YOKO-SHIHO-GATAME (z. B. Überrollen) ☐
Zweite Befreiung aus YOKO-SHIHO-GATAME (z. B. Blockieren und Aufrichten) ☐
Angriff, wenn Uke auf dem Rücken liegt (Tori zwischen Ukes Beinen im Stand ☐
oder auf Knien)
Angriff aus der eigenen Rückenlage mit Haltegriff abschließen ☐

6 Randori (3-5 Randori jeweils 2 min)

Im Stand-Randori die erlernten Würfe kontrolliert werfen und ☐
bei Wurfversuchen sich durch Ausweichen verteidigen.
Im Boden-Randori nachweisen, dass du deinen sich ernsthaft ☐
verteidigenden Partner mit Haltegriffen kontrollieren kannst.

Hinter allen Aufgaben findest du ein kleines Kästchen. Bist du sicher, dass du die Aufgabe ausreichend geübt hast und sie für die Gürtel-prüfung beherrschst, dann mache ein Kreuzchen hinein! So kannst du immer überprüfen, ob du gut vorbereitet bist.

IPPON-SEOI-NAGE – Punkt-Schulterwurf

Wir empfehlen, den IPPON-SEOI-NAGE aus der Rechtsauslage zur linken Seite oder umgekehrt zu üben.

- *Ausgangspunkt ist der Revers-Ärmel-Griff.*
- *Du ziehst Uke deutlich nach vorn oben.*

- *Drehe dich ein.*
- *Klemme mit deinem freien Arm Ukes Oberarm ein.*
- *Gehe mit Rücken-Bauch-Kontakt in die Knie.*
- *Du stehst sicher schulterbreit auf beiden Beinen.*

- *Du wirfst Uke durch Abbeugen des Oberkörpers und Strecken der Beine.*

- *Sichere ihn in der Endposition.*

Zum Merken: Reversgriff von oben – Eindrehen – Werfen!

TAI-OTOSHI – Körpersturz

- Ausgangspunkt ist der Ärmel-Revers-Griff.
- Du ziehst Uke nach vorn oben aus dem Gleichgewicht.
- Stelle ihn auf das vordere Bein.

- Drehe dich vor Uke ein.
- Blockiere sein Bein in sicherem gegrätschten Stand.

- Wirf Uke über die Blockade.

- Sichere ihn in der Endposition.

Zum Merken: Auf das rechte Bein ziehen – Eindrehen – das vordere Bein blockieren!

KO-UCHI-GARI – kleine Innensichel

- *Ausgangsposition ist der Ärmel-Revers-Griff.*

- *Du machst einen Nachstellschritt auf Uke zu.*
- *Sichele seine Ferse von innen mit deiner Fußsohle weg.*

- *Nun drücke Uke nach hinten um.*
- *Lass Uke los, damit er sicher fallen und abschlagen kann.*
- *Pass auf, dass du nicht auf ihn fällst.*

Zum Merken: Zug gegen Zug – Nachstellschritt – von innen sicheln!

94

KO-SOTO-GARI – kleine Außensichel

- *Ausgangsposition ist der Ärmel-Revers-Griff.*
- *Es besteht die Situation Zug-gegen-Zug.*
- *Du machst wieder einen Schritt auf Uke zu und stellst Bauch-Bauch-Kontakt her.*

- *Hakle Ukes Bein von außen ein.*

- *Sichle Ukes Bein aktiv weg.*

- *Durch das Festhalten am Ärmel sicherst du Ukes Fall.*

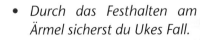

Zum Merken: Zug gegen Zug – von außen sicheln!

95

KO-SOTO-GAKE – kleines äußeres Einhängen

- *Du machst einen Schritt auf Uke zu.*

- *Greife mit dem freien Arm auf seinen Rücken.*
- *Stelle engen Bauch-Bauch-Kontakt her.*

- *Mit dem anderen Bein hakst du von außen Ukes Bein in der Kniekehle ein.*

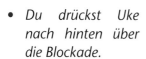

- *Du drückst Uke nach hinten über die Blockade.*
- *Nutze dabei dein Gewicht.*

- *Du sicherst Uke beim Fallen. Dabei kontrollierst du seinen Arm und fällst selbst nicht mit.*

Zum Merken: Umgreifen – Blockieren – Werfen!

96

DE-ASHI-BARAI- Fußfegen

- *Macht Uke einen Schritt zur Seite, dann machst auch du einen großen Schritt zur Seite.*

- *Du bringst deine Fußsohle an Ukes Knöchel und*
- *fegst sein sich bewegendes Bein weiter.*

- *Du ziehst Ukes Arm nach unten.*
- *Sichere ihn in der Endposition.*

Zum Merken: Seitwärtsbewegung – Ukes Bein weiterleiten – Sichern!

97

Zwei Formen von KESA-GATAME

Bei allen Varianten des **Schärpen-Haltegriffs** liegt Tori schräg auf Ukes Oberkörper – wie eine Schärpe. Man spricht auch vom „**Drei-Punkte-Haltegriff**", weil Tori drei wichtige Kontrollpunkte von Uke belastet: beide Schultern und eine Hüftseite.

KESA-GATAME
- *Bei dieser Ausführung belastest du Ukes Oberkörper.*
- *Du hast dabei den Kopf oben.*

KUZURE-KESA-GATAME
Hier siehst du zwei Varianten von KESA-GATAME.

USHIRO-KESA-GATAME
Bei dieser Ausführung von KESA-GATAME liegst du umgekehrt auf Uke.

Für die Gürtelprüfung wirst du zwei Ausführungen von KESA-GATAME zeigen. Aber auch HON-KESA-GATAME kannst du schon.

Zwei Formen von YOKO-SHIHO-GATAME

Bei allen Varianten des **Seitvierers** hält Tori Uke von der Seite her fest und kontrolliert dabei **vier wichtige Kontrollpunkte**: beide Schultern und beide Hüftseiten. Du erkennst den Seitvierer auch daran, dass du dich selbst auf vier Stellen abstützt: beide Beine (oder Knie) und beide Arme (oder Ellbogen).

- *Du belastest Uke von der Seite her.*
- *Dabei greifst du um Ukes Kopf und um Ukes Bein auf deiner Seite ...*

- *... oder du greifst um Ukes Arm und um Ukes Bein.*

- *... oder du greifst um Ukes Kopf und um Ukes Bein.*

MUNE-GATAME – Brust-Haltegriff
gehört auch zur Gruppe der YOKO-SHIHO-GATAME

- *Du belastest Uke von der Seite her und du greifst um Ukes Kopf und Arm.*

- *Du belastest Uke von der Seite her und greifst um einen Arm von Uke.*

99

Zwei Formen TATE-SHIHO-GATAME

Bei allen Varianten des **Reitvierers** sitzt Tori auf Ukes Oberkörper – als ob er auf ihm reitet. So kann er Ukes Oberkörper belasten und die **vier wichtigen Punkte** kontrollieren: **beide Schultern und beide Hüften.**

- *Tori klemmt den Kopf und den Arm ein und umschlingt mit seinen Beinen Ukes Beine.*

- *Bei dieser Ausführung hältst du einen Arm von Uke fest.*

- *Hier machst du Ukes Schulter mit dem Gürtelgriff fest.*

- *Bei dieser Ausführung werden Ukes Arm und Kopf fest eingeklemmt.*

Für die Gürtelprüfung wählst du zwei Varianten aus. Eine Ausführung von TATE-SHIHO-GATAME kennst du schon vom gelben Gürtel.

Zwei Formen KAMI-SHIHO-GATAME

Die verschiedenen Ausführungen von KAMI-SHIHO-GATAME erkennst du an der unterschiedlichen Kontrolle von Ukes Arm und Schulter.

- *Du greifst von vorne unter beiden Ober-armen hindurch in Ukes Gürtel.*
- *Lege deinen Kopf auf Ukes Bauch.*

- *Wenn sich Uke befreien will, musst du den Griff wechseln.*
- *Du greifst von oben unter seiner Achselhöhle hindurch in seinen Kragen.*

Lege dein Ohr auf Ukes Brustkorb!

101

Anwendungsaufgaben im Stand
(7 Aktionen)

- Wenn Tori zieht und/oder zurückgeht, wirft Tori mit IPPON-SEOI-NAGE und TAI-OTOSHI.
- Wenn Uke zieht und/oder zurückgeht, wirft Tori mit KO-UCHI-GARI und DE-ASHI-BARAI.
- Wenn Uke mit IPPON-SEOI-NAGE, TAI-OTOSHI und DE-ASHI-BA-RAI angreift, weicht Tori aus oder steigt über.

Anwendungsaufgaben am Boden
(8 Aktionen)

- O-UCHI-GARI und KO-UCHI-GARI mit nachfolgendem Haltegriff.
- Je zwei Befreiungen aus KESA-GATAME und YOKO-SHIHO-GATAME.
- Ein Angriff, wenn Uke auf dem Rücken liegt (Tori zwischen Ukes Beinen im Stand oder auf den Knien).
- Einen Angriff aus der eigenen Rückenlage (Uke zwischen Toris Beinen) mit Haltegriff abschließen.

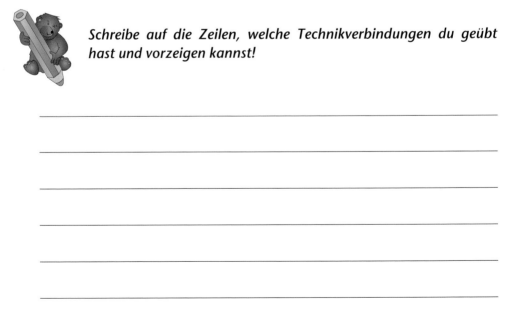

Schreibe auf die Zeilen, welche Technikverbindungen du geübt hast und vorzeigen kannst!

_____

_____

_____

_____

_____

Randori

Stand-Randori

Beim freien Kämpfen (**3-5 Aktionen zu jeweils 2 min**) kannst du nun zeigen, welche **Würfe** du kontrolliert werfen kannst und wie du dich bei Wurfversuchen durch **Ausweichen** oder Übersteigen verteidigst.

- Zeige einen aufrechten Kampfstil!
- Greife entschlossen an!
- Sperre nicht mit gestreckten Armen!
- Wenn du selbst geworfen wirst, zeige eine gute Falltechnik!

Boden-Randori

Im Boden-Randori zeigst du, wie du einen Gegner, der sich ernsthaft verteidigt, mit Haltegriffen kontrollieren kannst. Im Gegensatz zum Stand-Randori wird das Kämpfen mit größeren Widerständen ausgeführt.

Beim Randori kannst du das Gelernte anwenden und die Partner sammeln Erfahrungen.

································· 10
5. KYU – oranger Gürtel

Bist du bald 10 Jahre alt, kannst du mit der Vorbereitung auf die Gürtelprüfung zum orangen Gürtel beginnen.

Einige Techniken, die für die 5. Kyu-Prüfung zum orangen Gürtel verlangt werden, kennst du schon aus den anderen Gürtelprüfungen. Nun müssen die Bewegungen aber sicherer und runder ablaufen.

Diese neuen Techniken wirst du erlernen

Falltechniken:	MAE-MAWARI-UKEMI über ein Hindernis
Wurftechniken:	MOROTE-SEOI-NAGE
	SASAE-TSURI-KOMI-ASHI **oder**
	HIZA-GURUMA
	OKURI-ASHI-BARAI
	O-SOTO-GARI
	HARAI-GOSHI
Bodentechniken:	JUJI-GATAME
	UDE-GARAMI

So schaffst du den orangenen Gürtel (5. KYU)

Ab deinem **10. Lebensjahr** kannst du dich zur Prüfung für den orangen Gürtel anmelden. Dein Trainer wird sich um alles kümmern.

1 Falltechnik (5 Aktionen)

USHIRO-UKEMI – Rückwärtsfallen ☐
YOKO-UKEMI – Seitwärtsfallen (rechts) ☐
YOKO-UKEMI – Seitwärtsfallen (links) ☐
MAE-MAWARI-UKEMI – Judorolle vorwärts über ein Hindernis (rechts) ☐
MAE-MAWARI-UKEMI – Judorolle vorwärts über ein Hindernis (links) ☐

2 Grundform der Wurftechniken (5 Aktionen)

Alle Wurftechniken solltest du zu beiden Seiten üben.
Zur Prüfung reicht die Demonstration zu einer Seite.

MOROTE-SEOI-NAGE – zweihändiger Schulterwurf ☐
SASAE-TSURI-KOMI-ASHI – Fußstoppwurf ☐
oder
HIZA-GURUMA – Knierad ☐
OKURI-ASHI-BARAI – Fußnachfegen (rechts oder links) ☐
O-SOTO-GARI – große Außensichel (rechts oder links) ☐
HARAI-GOSHI – Hüftfegen ☐

3 Grundform der Bodentechniken (2 Aktionen)

Alle Bodentechniken solltest du zu beiden Seiten üben.
Zur Prüfung reicht die Demonstration zu einer Seite.

JUJI-GATAME – Armstreckhebel (rechts oder links) ☐
UDE-GARAMI – Armbeugehebel (rechts oder links) ☐

4 Anwendungsaufgaben Stand (2 Aktionen)

Wenn Uke mit einer Eindrehtechnik oder Fußtechnik angreift, dann weicht Tori aus oder steigt über und wirft selbst (Konter).

Z. B.: O-UCHI-GARI – Ausweichen Tori – Übernehmen mit MOROTE-SEOI-NAGE (Ausweichen und Kontern).

Wenn Tori mit einer Eindrehtechnik oder Fußtechnik angreift, dann weicht Uke aus oder steigt über und Tori setzt nach und wirft (Kombination).

Z. B.: O-GOSHI links – Übersteigen – Nachsetzen mit HARAI-GOSHI links (Vorwärts-vorwärts-Kombination).

□ □

5 Anwendungsaufgaben Boden (6 Aktionen)

Ukes Befreiungsversuche aus einer Haltetechnik zu JUJI-GATAME nutzen. □
Ukes Befreiungsversuche aus einer anderen Haltetechnik zu UDE-GARAMI □ nutzen.
Einsatz der Beinklammer zur Verteidigung in der eigenen Rückenlage. □
Eine Befreiung aus der Beinklammer. □
Einen Angriff gegen die mittlere Bankposition mit JUJI-GATAME beenden. □
Zweiten Angriff gegen die mittlere Bankposition mit JUJI-GATAME beenden. □

6 Randori (4-5 Randori jeweils 2 min)

Im Stand-Randori Wurftechniken auch bei gegen- □
gleichem Griff werfen, ohne den Griff zu lösen.
Boden-Randori in der Ausgangssituation Bein- □
klammer beginnen.

Hinter allen Aufgaben findest du ein kleines Kästchen. Bist du sicher, dass du die Aufgabe ausreichend geübt hast und sie für die Gürtelprüfung beherrschst, dann mache ein Kreuzchen hinein! So kannst du immer überprüfen, ob du gut vorbereitet bist.

MAE-MAWARI-UKEMI
– Judorolle vorwärts über ein Hindernis (beidseitig)

Hier siehst du die Ausführung mit dem linken Bein und dem linken Arm vorn.

- *Aus dem Anlauf machst du einen großen Schritt links vorwärts.*
- *Nimm den linken Arm weit nach vorn.*
- *Den anderen Arm solltest du auch nach vorn nehmen.*

- *Du stößt dich fest ab und bist für einen kurzen Moment frei in der Luft.*
- *Zur Landung stützt du dich (zuerst auch mit beiden Händen) ab und rollst über den linken Arm.*

- *Du stehst über die fast gestreckten Beine auf.*
- *Achte darauf, dass die Beine nicht gekreuzt sind.*

- *Die Rolle ist mit dem sicheren schulterbreiten Stand beendet.*

Zum Merken: Eine Seite vor – groß rollen – mit fast gestreckten Beinen aufstehen!

108

Übungen

Niemand kann die Judorolle über einen Partner sofort ausführen. Wie bei jeder anderen Technik beginnt man erst einmal mit leichten Vorübungen.

Schaffe dir im Zimmer oder auf der Wiese ausreichend Platz zum Üben. Räume alle Gefahrenquellen aus dem Weg und achte darauf, dass du dich nicht verletzt.

Judorolle über kleinere Hindernisse

*Wähle dir kleine, weiche Hindernisse zum Überrollen.
Das können Dinge wie ein Kissen, ein Handtuch oder ein Luftballon sein.*

Judorolle über kleinere Hindernisse

Später wählst du dir größere Hindernisse wie große Kissen, Polster oder einen Karton.

Bist du sicher genug, führst du die Judorolle über einen Partner aus.

Vielleicht haben auch deine Eltern, Geschwister oder Freunde Lust, beim Üben mitzumachen. Erkläre ihnen, worauf sie achten müssen. Bestimmt habt ihr viel Spaß beim gemeinsamen Üben.

MOROTE-SEOI-NAGE – zweihändiger Schulterwurf

- *Du stehst im sicheren schulterbreiten Stand.*
- *Führe einen Ausfallschritt mit deinem rechten Fuß aus.*
- *Zieh Uke nach vorn oben aus dem Gleichgewicht.*

- *Bring deinen Ellbogen unter seine Achselhöhle.*
- *Dabei drehst du dich vor Uke ein.*

- *Senke deinen Schwerpunkt ab.*
- *Du hast mit Uke Rücken-Bauch-Kontakt.*

- *Du wirfst durch Strecken der Beine und durch Absenken des Oberkörpers.*

- *Sichere Uke in der Endposition.*

Zum Merken: Aufreißen – Ellbogen unter die Achsel bringen – tief eindrehen – Werfen durch Beinestrecken und Oberkörperbeugung!

SASAE-TSURI-KOMI-ASHI – Fußstoppwurf

- *Ausgangsposition ist der Ärmel-Revers-Griff.*
- *Du machst einen großen Schritt an Uke heran.*

- *Mit der Fußsohle blockierst du Ukes Unterschenkel.*

- *Durch starken Arm-einsatz und Drehung des Oberkörpers über die Blockade kannst du Uke werfen.*

- *Sichere Uke in der Endposition.*

Zum Merken: Großer Schritt – Unterschenkel blockieren – Werfen!

111

HIZA-GURUMA – Knierad

- Du willst Uke zu einem Schritt nach vorn zwingen.
- Dafür läufst du um ihn herum.

- Du blockierst Ukes Bein in Kniehöhe.
- Du nutzt den Schwung, um ihn über diese Blockade zu werfen.

- Sichere Uke in der Endposition.

Zum Merken: Großer Schritt – Blockade – Zug – Werfen.

OKURI-ASHI-BARAI – Fußnachfegen

- *Beide Partner bewegen sich mit Nachstellschritten seitwärts.*

- *Wenn Uke in der Bewegung den Fuß von der Matte hebt, führst du mit deiner Fußsohle Ukes Füße zusammen.*

- *Fege beide Beine weiter.*
- *Sichere Uke beim Fallen am Ärmel.*

Zum Merken: **Nachstellschritte – beide Beine fegen, wenn Ukes Bein gerade abhebt!**

O-SOTO-GARI – große Außensichel

- Wenn Uke zurückgeht, dann machst du einen großen Schritt schräg nach außen.
- So überholst du ihn leicht.

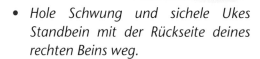

- Drücke Uke mit beiden Armen auf sein hinteres Bein und brich so sein Gleichgewicht.

- Hole Schwung und sichele Ukes Standbein mit der Rückseite deines rechten Beins weg.

- Sichere Uke in der Endposition.

Zum Merken: Schritt neben das hintere Bein – Sicheln!

114

HARAI-GOSHI – Hüftfegen

- *Mit der einen Hand fasst du auf Ukes Rücken.*
- *Mit der anderen Hand greifst du den Ärmel.*
- *Mache einen Schritt auf ihn zu.*
- *Ziehe seinen Arm leicht nach vorne oben.*

- *Du stellst dein Standbein zwischen Ukes Beine und drehst dich dabei vor Uke ein.*

- *Stelle engen Hüfte-Bauch-Kontakt her.*
- *Das andere Bein schwingst du nach hinten und fegst Ukes Oberschenkel weg.*

- *Beuge deinen Oberkörper.*
- *Sichere Uke in der Endposition.*

Zum Merken: Um den Rücken greifen – aus dem Gleichgewicht ziehen – Bein nach hinten schwingen!

115

JUJI-GATAME – Arnstreckhebel

- *Du sitzt seitlich an Uke.*
- *Kontrolliere ihn mit der Rückseite deiner Beine.*
- *Du rückst mit deinem Po ganz eng an Ukes Schulter heran.*

- *Klemme seinen Arm zwischen deinen Beinen ein.*
- *Drücke den Arm fest an deine Brust.*

- *Nun lehnst du dich zurück.*
- *So kannst du Ukes Arm strecken und hebeln.*

Beachte: *Du darfst Ukes Arm nur langsam und kontrolliert strecken und hebeln!*

Bei Schmerzen wird Uke sofort abschlagen oder „Stopp!" rufen.

Zum Merken: Dicht am Partner sitzen – kontrolliert und vorsichtig zurücklehnen!

UDE-GARAMI – Beugehebel

- Du greifst von oben auf Ukes angewinkelten Unterarm.
- Drücke den Arm nach unten.

- Den anderen Arm führst du unter Ukes Oberarm hindurch.

- Greife auf dein eigenes Handgelenk.
- Verdrehe deine beiden Handgelenke nach oben.
- So kannst du Ukes Arm nach oben hebeln.

Beachte: Du darfst Ukes Arm nur langsam und kontrolliert hebeln!

Bei Schmerzen wird Uke sofort abschlagen oder „Stopp!" rufen.

Zum Merken: *Unterarm runterdrücken – darunter durchgreifen – hebeln!*

Anwendungsaufgaben im Stand

Für diese Aufgabe wirst du zwei Aktionen zeigen:

- Wenn Uke mit einer Eindrehtechnik oder Fußtechnik angreift, dann weicht Tori aus oder steigt über und wirft selbst (Konter).

- Wenn Tori mit einer Eindrehtechnik oder Fußwurf angreift, dann weicht Uke aus oder steigt über – Tori setzt nach und wirft (Kombination).

 Schreibe auf die Zeilen, welche Kombinationen du geübt hast und vorzeigen kannst!

_____

_____

_____

_____

_____

118

Anwendungsaufgaben am Boden

Für diese Aufgabe wirst du sechs Aktionen zeigen:

- **Ukes Befreiungsversuche aus einer Haltetechnik zu JUJI-GATAME, aus einer anderen zu UDE-GARAMI nutzen.**

- **Einsatz der Beinklammer zur Verteidigung in der Rückenlage**

Zur Verteidigung kannst du ein Bein des Partners mit beiden Beinen um-schlingen. Umklammere Toris Bein möglichst hoch am Oberschenkel.

Es gibt verschiedene Varianten der Beinklammer.

- **Eine Befreiung aus der Beinklammer**

Als Erstes musst du den Oberkörper Ukes festlegen. Eine Möglichkeit siehst du hier auf dem Bild. Mit der Hand wird über seine Schulter in den Gürtel gegriffen.

Die untere Hand greift in Ukes Gür-tel und die obere Hand schiebt Ukes Oberschenkel weg. Nun ziehst du deine Hüfte nach hinten. Wenn du nun Ukes Bein mit der Fußsoh-le wegdrückst, kannst du dein Bein herausziehen.

- **Zwei Angriffe gegen die mittlere Bankposition mit JUJI-GATAME be-enden.**

119

Nach dem Kampf sprechen die Mädchen über das Randori. Bestimmt geben sie sich Hinweise und loben einzelne Aktionen.

Was könnten sie sagen? Wenn du Lust hast, dann schreibe es doch in die Sprechblasen!

Randori

Beim freien Kämpfen (**4-5 Aktionen zu jeweils 2 min**) kannst du nun zeigen, welche Haltegriffe und Befreiungen du erlernt hast. Die Partner sprechen beim freien Üben die Techniken nicht ab.

Achte darauf, dass du auf die Aktionen deines Gegners entsprechend reagierst und plane selbst, was du tun willst. Es gibt keine Punktwertung und auch keinen Sieger oder Verlierer. Lass deinen Gegner auch zeigen, was er kann.

- **Im Stand-Randori Wurftechniken auch bei gegengleichem Griff werfen, ohne den Griff zu lösen.**

- **Boden-Randori in der Ausgangssituation „Beinklammer" beginnen.**

Auch als Uke wirst du von den Kampfrichtern beobachtet und bewertet. Wehre die Angriffe nicht durch übertriebenen Widerstand, sondern eher durch Übersteigen oder Ausweichen ab. Nutze fehlgeschlagene Angriffe Ukes für eigene Aktionen. Seid beweglich!

Notizzettel

Hier kannst du Wörter notieren, die du aus dem Training kennst und du dir zusätzlich noch merken willst.

.... 11 Kleines Wörterbuch

Wer Judo erlernt, wird von Anfang an die japanischen Begriffe kennenlernen und verwenden. Das gehört zu diesem Sport und die Verwendung ist selbstverständlich für alle Judoka.

Die vielen japanischen Bezeichnungen für die Wurf- und Haltetechniken sind bestimmt am Anfang sehr verwirrend. Irgenwie klingt alles fremd und ähnlich – wie soll man da den Durchblick behalten?

Das Lernen wird dir leichter fallen, wenn du die Bedeutung der Wörter und der Bestandteile kennst. Deshalb haben wir dir auf den nächsten Seiten wichtige japanische Wörter zusammengestellt.

Allgemeine Judobegriffe

BUDO	Oberbegriff für Kampfkünste in Japan
BUSHIDO	Ehrenkodex der Samurai
DAN	Meistergrad
DO	der Weg
DOJO	Judohalle, Ort zum Begreifen des Wegs
HAJIME	„Beginnt!"
IPPON	Punkt, höchste Wertung
JUDO	der sanfte Weg
JUDOGI	Judoanzug
JUDOKA	Judokämpfer
JU-JITSU	Selbstverteidigungssystem, Technik der Sanftheit
JUTSU	Kunst, Meisterschaft
KODOKAN	Judoschule von Jigoro Kano
KUZURE	Variante
KYU	Schülergrad, Stufe
MAITTA	„Ich gebe auf!"
OBI	Gürtel
RANDORI	freies Üben
REI	Begrüßung, Verbeugung
SENSEI	Lehrer, Meister
SHIHAI	Wettkampf
SORE-MADE	„Das ist alles!", Ende des Kampfs
TATAMI	Reisstrohmatte, Judomatte
TORI	Angreifer, Ausführender
UKE	der Geworfende
YUKO	mittlere Wertung
ZA-REI	Verbeugung im Knien
ZA-ZEN	Konzentrationssitz
ZEN	konzentrieren

Begriffe für Würfe und Haltegriffe

ASHI	Bein, Fuß
BARAI	fegen
DE	nach vorn kommen
GAKE	einhängen
GARAMI	verdrehen, verriegeln
GARI	sicheln
GATAME	festhalten
GOSHI	Hüfte
GURUMA	Rad
HARAI	fegen
HIZA	Knie
IPPON	Punkt (höchste Wertung)
JUJI	Kreuz
KAMI	vom Kopf her
KESA	Schärpe
KO	klein
KOMI	eindringen, hineingehen
KUZURE	Variante, Ausführung
MOROTE	mit beiden Händen
MUNE	Oberkörper, Brust
NAGE	Wurf
O	groß
OKURI	beide
OTOSHI	niederfallen, stürzen
SASAE	stoppen, halten
SEOI	auf den Rücken nehmen
SHIHO	vier Punkte (Haltepunkte)
SOTO	außen
TAI	Körper
TATE	von oben (reiten)
TSURI	Hebezug
UCHI	innen
UDE	Arm
UKI	schweben, flattern
YOKO	Seite

Quiz für Judoka

Wir haben dir zu jeder Frage vier mögliche Antworten aufgeschrieben. Aber nur eine der vier Antworten ist richtig.
Kannst du sie finden?

1 Was gehört nicht zu den Kampfsportarten?

A Ringen **B** Fechten

C Aikido **D** Fußball

2 Wie heißt der Judoanzug?

A Kampfdress **B** Judoki

C Jumbo **D** Judogi

3 Welche Gürtelfarbe gibt es beim Judo nicht?

A gelb-grün **B** orange-grün

C schwarz **D** blau

4 Wer hat Judo erfunden?

A Kanu **B** Kenia

C Kano **D** Miyu

Die richtigen Antworten findest du auf den Auflösungsseiten!

5   *Wie wird die Judomatte genannt?*

A	Isomatte	**B**	Tatami
C	Rollfeld	**D**	Futon

6   *Wie heißt der Angreifer beim Üben?*

A	Tori	**B**	Stürmer
C	Uke	**D**	Werfer

7   *Was gehört nicht zu den Judowerten?*

A	Respekt	**B**	Selbstbeherrschung
C	Macht	**D**	Mut

8   *Was ist die höchste Wertung beim Judo?*

A	Tor	**B**	Korb
C	Loch	**D**	Ippon

Hilfe, ich habe
mich verlaufen!

1 Stell dir vor,
Miyu war beim
letzten Turnier in einer anderen Stadt und in einer fremden
Halle. Sie wollte nur noch mal
schnell auf die Toilette. Aber
dann hat sie den Weg zurück
nicht mehr gefunden. Kannst
du erkennen, wie sie laufen
müsste?

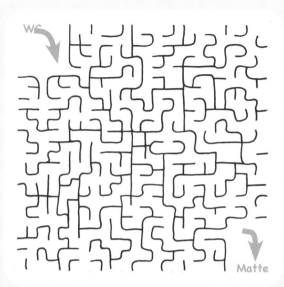

L	O	I	A	M	E	Y	I	L	A	E
M	E	L	M	B	D	E	S	D	I	Y
Y	A	D	D	L	I	Y	M	A	T	E

2 Welches Lebensmittel solltest du
öfter am Tag und bei Appetit
zwischendurch essen? Streiche
alle L, Y, M, A, E, I und D durch
und lies die verbleibenden
Buchstaben.

Dieser Sportler hat richtig Hunger nach dem Training. Am lieb-
sten würde er alles auf einmal
essen und trinken. Was würdest
du ihm empfehlen? Streiche
durch, was nach deiner Mei-
nung nicht so gesund ist!

.... 12 Fit und gesund

Die meisten Menschen, die Sport treiben, wollen dabei Spaß und Erfolg haben. Daneben ist aber ein wichtiges Ziel, seinen Körper fit und gesund zu halten. Sportler achten daher auf eine gesunde Lebensweise.

Richtiges Essen

Wer Sport treibt, rennt, springt und kämpft, verbraucht mehr Energie als ein Stubenhocker. Deshalb schmeckt es nach den Trainingsstunden am besten, – weil man Hunger und Durst hat und für Energienachschub sorgen muss!

Fast alle Kinder essen gerne Schokoriegel, Chips, Pommes und Pizza. Das ist nun nicht gerade die beste Sportlermahlzeit – vor allem, wenn man diese Dinge in großen Mengen und zu oft isst. In solchen Nahrungsmitteln ist zu viel Fett enthalten.

Die bessere Mahlzeit für Sportler ist Vollkornbrot mit Käse, Nudeln, Obst und Joghurt. Es gibt eine Menge Nahrungsmittel, die gesund sind und auch schmecken. Versuche, dich abwechslungsreich und maßvoll zu ernähren.

Wer schwitzt, muss regelmäßig trinken

Wenn du im Training und beim Sporttreiben schwitzt, dann ist deine Sportkleidung oft ganz nass und du siehst die Schweißtröpfchen auf deiner Haut. Schwitzen ist nicht schlimm – sogar sehr gesund. Doch diese Flüssigkeit, die du beim Schwitzen verlierst, fehlt nun deinem Körper. Du musst also jetzt viel trinken, damit dein Körper wieder genug Flüssigkeit hat.

Dein Trainer oder Übungsleiter wird Trinkpausen einplanen, wenn du geschwitzt hast.

Durstlöscher

Reine Säfte, Limo oder Cola sind als Flüssigkeitsersatz nicht geeignet. Sie enthalten zu viel Zucker.

Die besten Durstlöscher sind:

- Wasser, Mineralwasser ohne Kohlensäure,
- Fruchtsaftmischungen (also Apfelsaft, Orangensaft oder Kirschsaft mit Wasser verdünnt) oder
- Kräutertee oder Früchtetee (auch mit Honig gesüßt).

Wenn du durstig bist und trinkst, dann achte darauf, dass du nicht zu hastig trinkst. Besser sind öfter kleine Schlucke. Pass auf, dass du dir nicht den Magen vollpumpst und du dich dann kaum noch bewegen kannst!

Wähle die Getränke nicht zu kalt, sonst braucht dein Körper zusätzlich noch viel Energie, um die Flüssigkeit anzuwärmen und auf Körpertemperatur zu bringen!

Hygiene ist wichtig

Beim Judo kommst du allen Übungspartnern und Gegnern körperlich sehr nah. Da du aber nicht mit starkem Körpergeruch, klebrigen Fingern und kratzenden Fußnägeln deine Gegner in die Flucht schlagen willst, ist Körperhygiene sehr wichtig.

Für jeden Sportler ist es selbstverständlich, dass er sich nach dem Training oder dem Wettkampf duscht und seine Kleidung wechselt. Beim Judo kommst du aber schon zum Sport frisch und sauber. So drückst du deinen Respekt vor dem Partner aus.

Darauf musst du achten:

* Die Hände sind sauber und die Nägel kurz geschnitten.

* Die Füße sind sauber und die Nägel kurz. Betritt die Matte nur barfuß und trage außerhalb der Matte Latschen.

* Dein Körper ist sauber, trocken und riecht nicht.

* Binde lange Haare zusammen, damit sie dem Partner nicht im Gesicht hängen und bei den Griffen nicht stören. Trage keinen spitzen Haarschmuck.

* Lege allen Schmuck und die Uhr ab.

* Dein Judogi ist sauber und trocken.

Übungen zur Entspannung und Konzentration

Kennst du auch diese Tage, an denen du ganz „hibbelig"
bist und dich nur schwer konzentrieren kannst? Für einen
Judoka ist es aber sehr wichtig, dass er ruhig und kon-
zentriert die Techniken ausführen kann. Hier haben wir
einige Übungen zur Entspannung für dich.

1 Baum

- *Du stehst mit geschlossenen Beinen fest auf beiden Füßen und schaust auf einen fernen Punkt. Die Arme hängen locker an der Seite.*
- *Schiebe langsam den linken Fuß am rechten Bein etwas nach oben. Bleibe im Gleichgewicht und halte diese Position einige Atemzüge.*

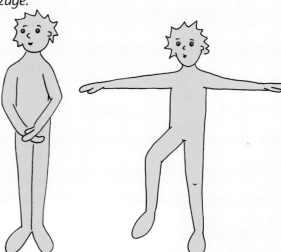

2 Fliegen

- *Du stehst mit geschlossenen Beinen fest auf beiden Füßen und schaust auf einen fernen Punkt.*
- *Mit dem Einatmen hebst du die Arme und winkelst ein Bein vor dem Körper an. Bleibe drei Atemzüge in dieser Position.*
- *Mit dem dritten Ausatmen senken sich die Arme und der Fuß geht langsam zum Boden zurück.*
- *Schließe die Augen, atme tief durch und beginne die Übung mit der anderen Seite.*

3 Abschalten

- *Finde eine gute Position, in der du dich wohlfühlst. Das kann im Stehen, Sitzen oder Liegen sein.*
- *Atme einige Atemzüge ganz ruhig.*
- *Schließe nun die Augen, lege die Finger darauf und verschließe mit den Daumen deine Ohren.*
- *„Schaue" nach innen und atme ganz ruhig und gleichmäßig. So kannst du dich gut entspannen.*

4 Dreieck

- *Du sitzt aufrecht und entspannt auf der vorderen Kante eines Sitzes.*
- *Nun streckst du das linke Bein schräg nach vorn.*
- *Dann legst du die linke Hand auf den Oberschenkel.*
- *Der rechte Arm wird seitlich bis zur Waagerechten und dann schräg nach oben gehoben.*
- *Der Blick ist zur gestreckten Hand gerichtet.*
- *Bleibe drei Atemzüge in dieser Position und dann wechsle die Seite.*

5 Baby

- *Aus dem Kniesitz bringst du den Oberkörper nach vorn und legst den Kopf vor die Knie auf den Boden. Die Arme liegen locker neben dem Körper.*
- *Atme ganz ruhig und entspanne alle Muskeln.*

Gürtelwirrwarr

Oh je, die neuen orangen Gürtel liegen alle durcheinander. Kannst du erkennen, welcher Judoka an welchem Gürtel zieht?

Der Trainer sagt zu Tom: „Deine Technik lässt heute zu wünschen übrig."
Darauf sagt Tom: „Gut, dann wünsche ich mir ein neues Handy!"

Der Trainer sagt zu Jule: „In letzter Zeit machst du immer so einen verschlafenen Eindruck."
Darauf sagt Jule: „Ach, das ist doch das große Talent, das in mir schlummert!"

·············· 13 Damit alles seine Ordnung hat

Fast alle Dinge im Leben der Menschen sind geregelt. Was würde das für ein Durcheinander geben, wenn jeder tun könnte, was er gerade für richtig hält. In der Familie gibt es Regeln, an die sich jeder halten muss, in der Schule und in der Sportgruppe auch. Für den Straßenverkehr gibt es Verkehrsregeln und für jedes Kartenspiel gibt es Spielregeln.

Auch im Sport ist das so. Jede Sportart hat Regeln dafür, wie die Sportart betrieben wird, wie ein Wettkampf abläuft und was der Sportler tun kann für den Sieg. Es ist auch festgelegt, was erlaubt und verboten ist.

Im Judo gibt es ein ganzes Buch voller Regeln. Zum Glück ist das so! Sonst würde nach jeder Aktion eine heftige Diskussion über Ausführung und Bewertung beginnen und niemand hätte Spaß am Kampf. Über alle Judoregeln wollen wir hier aber nicht schreiben. Das ist viel zu schwierig und für dich im Moment auch noch nicht so wichtig. Wenn es dich interessiert, dann kannst du alle Judoregeln im Regelheft des Deutschen Judo-Bundes nachlesen. Im Verein erklären die Trainer alles.

Randori findet meist ohne Kampfrichter statt. Es gibt also niemanden, der den Kampfbeginn, eine Unterbrechung oder das Ende anzeigt. Hier seid ihr selbst verantwortlich.

Die Handzeichen des Kampfrichters

Damit jeder Judoka die Wertung des Kampfrichters schnell versteht, gibt es dafür besondere Handzeichen. Hier siehst du die wichtigsten.

IPPON (10)

- *Du wirfst den Gegner mit Kraft* **und** *Schwung so, dass er* **zum großen Teil** *auf dem Rücken landet.*
- *Du hältst den Gegner 20 Sekunden in einem Haltegriff.*
- *Nach der 2. WAZA-ARI-Wertung.*
- *Der Gegner gibt auf.*
- *Der Gegner erhält die Strafe HANSOKU-MAKE.*

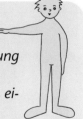

WAZA-ARI (7)

- *Du wirfst den Gegner mit Kraft* **oder** *Schwung so, dass er auf dem Rücken landet.*
- *Du hältst den Gegner 15-19 Sekunden in einem Haltegriff.*
- *Der Gegner erhält eine mittlere Strafe.*

YUKO (5)

- *Du wirfst den Gegner mit wenig Kraft und Schwung so, dass er auf die Seite oder auf den Rücken fällt.*
- *Du hältst den Gegner 10-14 Sekunden in einem Haltegriff.*
- *Der Gegner erhält eine kleinere Strafe.*

Es gibt noch viele weitere Kampfrichterzeichen. Wenn es dich interessiert, dann frage deinen Trainer danach.

Der Kampfrichter hat aber auch noch andere Zeichen.

Hier zeigt er an, dass der Judogi wieder geordnet werden soll.

SHIDO

Regelverstöße werden mit Shido bestraft (z. B. wenn ein Judoka zu wenig Kampfaktivität zeigt). Dabei rollt der Kampfrichter die Arme und zeigt dann auf den Betroffenen.

Was erlaubt ist

Ein Judoka darf alle erlernten Würfe und Haltegriffe anwenden. Er darf seinem Gegner ausweichen, ihn überraschen und austricksen. Im Wettkampf wirst du deine Stärken und deine Schnelligkeit zeigen.

Was nicht erlaubt ist

Höchstes Gebot ist die Achtung vor dem Gegner. Kämpfe fair und verletze ihn nicht mit Absicht. Du darfst nicht beißen, kneifen, kratzen, schlagen, treten, ins Gesicht greifen, an den Haaren ziehen, Finger umbiegen usw.

Außerdem wollt ihr einen Judokampf bestreiten und kein „Stehballett"! Also zeige Ideen und Aktionen, sonst wirst du angemahnt.

Würde es dir Spaß machen, nur allein über ein Kissen die Judorolle zu üben? Bestimmt nicht! Ohne Gegner kann keiner den Judosport betreiben. Deshalb achte deinen Partner und verhalte dich regelgerecht!

137

...... 14 Gemeinsam im Verein

Wenn du dich für Judo interessierst und diesen Sport erlernen möchtest, brauchst du einen Verein. Dort findest du deine Übungspartner und kannst gemeinsam mit Gleichaltrigen trainieren. Erfahrene Trainer und Übungsleiter vermitteln dir die besondere Idee vom Judo, erklären dir die Techniken und helfen beim Üben. Du kannst die Gürtelprüfungen ablegen und, wenn du willst, richtige Wettkämpfe bestreiten. Der Boden im Dojo (das kann natürlich auch eine allgemeine Sporthalle sein) ist mit speziellen Judomatten ausgelegt, damit sich niemand verletzt.

Wie findest du einen Verein?

- Sind deine Eltern einverstanden, dann sucht einen Judoverein in deinem Ort oder in deiner Wohnumgebung.

- Wenn du Glück hast, sind schon Familienmitglieder, Freunde oder Schulkameraden im Verein und sie nehmen dich einfach mal zum Training mit.

- Meistens haben Sportvereine Infotafeln, Schaukästen oder eine Homepage im Internet. Dort sind Telefonnummern oder Trainingszeiten veröffentlicht.

- Vereinbart einen Termin für das Probetraining. Schau in Ruhe, wie alles abläuft. Du lernst die Trainer und die anderen Kinder kennen und du siehst, wie trainiert wird. Natürlich ist erst einmal alles neu und fremd. Das ist ganz normal!

- In vielen Judovereinen kannst du dir am Anfang den Judoanzug und den Gürtel auch ausleihen.

- Wenn es dir gefällt und der Trainer sagt, dass du für den Judosport geeignet bist, dann solltest du dich anmelden. Du wirst Mitglied im Verein und erhältst einen Mitgliedsausweis und Judopass.

Mein erster Judoverein

Hier lerne ich Judo:

_____

_____

Mein erster Tag war am: _____

Meine Trainer sind: _____

*Hier kannst du Fotos
von deinen Freunden einkleben!*

Meine Freunde und Mannschaftskameraden

Auf dieser Seite kannst du alle deine Freunde in der Trainingsgruppe unterschreiben lassen!

Damit es allen Spaß macht

Zu Beginn wollen wir dir hier von einer merkwürdigen Sportgruppe erzählen. Erkennst du, was da los ist?

Was ist denn hier los?

Die Trainerin hat schon mit dem Aufwärmen begonnen, da läuft Tina gleich in Stiefeln zur Gruppe und holt sich noch schnell den Schlüssel für den Umkleideraum. Tom kann nicht zur Begrüßung kommen, weil er seinen Apfel zu Ende isst und Pia und Jule schwatzen laut. Kai will nicht mit Paul üben, weil sein Judogi stinkt und Anne ist im Apfelsaft ausgerutscht, den Tanja verschüttet hat ....

Kannst du dir vorstellen, dass das Üben in dieser Gruppe Spaß macht? Bestimmt nicht! Na ja, um ehrlich zu sein, haben wir uns diese Geschichte auch ausgedacht. So schlimm ist es nirgendwo! Oder steckt da doch vielleicht ein kleines bisschen Wahrheit drin?

Regeln müssen sein

Damit alle Kinder Freude am Üben haben und gut lernen können, gibt es für das Training Regeln. Überall, wo Judo erlernt wird, gelten diese besonderen Regeln. Dein Trainer oder Übungsleiter wird sie mit euch in der Gruppe besprechen.

Alle Sportler achten darauf, dass die Regeln eingehalten werden. So haben auch alle Spaß am Üben.

Wichtige Regeln im DOJO

Der Übungsraum der Judoka ist ein besonderer Ort, an dem es auch besondere Regeln gibt.

- Erscheine regelmäßig und pünktlich zum Judotraining!
- Lege vor dem Training deinen Schmuck, Haarklammern und die Uhr ab, damit dein Partner sich nicht daran verletzen kann!
- Binde lange Haare zusammen, damit die Griffe gut ausgeführt werden können und dein Partner nicht belästigt wird!
- Komme mit sauberen Händen und Füßen!
- Schneide deine Nägel kurz, damit niemand gekratzt wird!
- Wunden müssen mit Pflaster oder Verband abgedeckt sein!
- Erscheine immer mit sauberem Judogi!
- Komme mit „Slippern" zur Matte und betritt diese dann nur barfuß!
- Behandle den Partner immer respektvoll wie einen Freund!
- Achte auf die Gesundheit und das Wohlergehen deines Partners!
- Nimm Rücksicht auf jüngere und schwächere Partner!
- Lass dich nicht provozieren und zu unfairem Handeln verleiten!
- Freue dich nicht nur über eigene Siege, sondern auch über gute Aktionen deines Übungspartners!
- Beim Ruf: „Halt!", „Stopp!" oder beim Abklopfen durch den Partner musst du sofort deinen Griff lösen!
- Befolge die Anweisungen des Trainers!

Welche Regeln habt ihr außerdem noch? Schreibe sie auf den leeren Zeilen dazu!

Auf zum Wettkampf

Die Judoka haben Spaß, sich mit ihren Freunden in der Übungshalle zu treffen, neue Techniken zu erlernen und sich im gemeinsamen Randori zu beweisen. Manchen reicht es, aber viele wünschen sich noch mehr. Sie wollen an Wettkämpfen teilnehmen und sich mit anderen Judoka messen. Jeder erfolgreiche Wurf oder Haltegriff wird bewertet und du kannst am Ende als glücklicher Sieger aus dem Kampf gehen.

Freue dich über deinen Sieg, aber werde nicht überheblich! Immer wieder warten neue Herausforderungen auf dich!

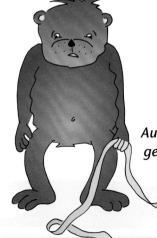

Auch mit einem verlorenen Kampf kannst du viel gewinnen: Du sammelst Erfahrungen!

Daran musst du denken:

- gültiger Pass,
- Judoanzug, Gürtel, warme Trainingskleidung, Latschen, Socken,
- kleines Handtuch, um den Schweiß abzuwischen sowie
- Verpflegung.

Wettkampfergebnisse

Auch wenn der Judosport viel mehr ist, als nur Medaillen und Titel zu sammeln, möchtest du im Wettkampf gewinnen. Es ist interessant und macht auch Spaß, immer die Ergebnisse aufzuschreiben.

Auf diesen Seiten kannst du diese eintragen.

Wettkampf/Datum	Ergebnis

Lust zum Malen?

Die Zeichnung kannst du ausmalen und ergänzen. Vergiss die Tatami nicht! Vielleicht kannst du noch andere Judoka, einen Trainer oder den Kampfrichter dazuzeichnen.

.... 15 Auflösungen

S. 8

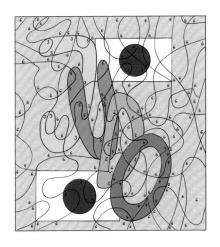

S. 15 **Einige weitere asiatische Kampfsportarten:**
Aikido, Ju-Jutso, Karate, Kempo, Kendo,
Kung-Fu, Sumo, Taekwondo, Thai-Boxen

S. 28   1

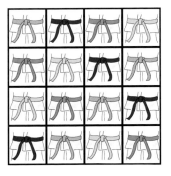

2

S. 46

S. 126/127   Judoquiz

1	D	5	B
2	D	6	A
3	A	7	C
4	C	8	D

S. 128

L	O	I	A	M	E	Y	I	L	A	E
M	E	L	M	B	D	E	S	D	I	Y
Y	A	D	D	L	I	Y	M	A	T	E

S. 134   Gürtelquiz

1	C
2	B
3	A

.... 16 Auf ein Wort

Wäre das ein Buch für Erwachsene, würden diese Seiten an die Eltern und an die Trainer natürlich ganz am Anfang, also als Vorwort, erscheinen. Da es aber ein Buch für die Kinder ist, stellen wir dieses Kapitel ans Ende, sozusagen als Anhang.

Unsere jungen Judoka sind zum überwiegenden Teil Grundschüler, die im Umgang mit Büchern noch nicht so geübt sind. Am Anfang brauchen sie unbedingt noch die Unterstützung der „Großen", die ihnen beim Zugang zum Buch helfen.

Am besten beginnt man als Erstes mit dem Durchblättern des Buches, der Betrachtung der Bilder und dem Ausfüllen und Eintragen. Dieses Buch muss nicht zwingend von Anfang bis Ende durchgelesen werden, sondern lässt sich bestimmt gut zum Nachschlagen und als ganz persönliches Judotagebuch verwenden.

Wir haben uns entschieden, in diesem Anfängerbuch die Anforderungen für die ersten vier Kyu-Prüfungen aufzunehmen. Das entspricht auch der Altersgruppe. Zudem gibt es viele Infos rund um den Judosport, die ein Judoanfänger (und bestimmt auch seine interessierten Eltern oder Großeltern) in den ersten Trainingsjahren haben sollten.

Viel Spaß beim gemeinsamen Lesen!

Liebe Eltern,

wir wünschen uns, dass sich unsere Kinder zu selbstbewussten, starken und klugen Persönlichkeiten entwickeln. Sie sollen sich durchsetzen können, aber auch rücksichtsvoll mit anderen umgehen.

Judo ist ein Sport für Jungen genauso wie für Mädchen. Dieser Sport bietet nicht nur für die großen Starken und Selbstbewussten eine Chance, sondern auch die kleineren, etwas schwächeren und zurückhaltenderen Kinder erkennen ihre Möglichkeiten. Mit Judo kann schon im Vorschulalter begonnen werden. Mit viel Spaß und allgemeinen Sportübungen wird langsam an die spezielle Judotechnik herangeführt.

Die Kinder lernen, beim Randori oder kleineren Kämpfen mit Erfolg und Misserfolg umzugehen. Auch Eigenverantwortung will gelernt sein. Nach und nach kümmern sich die Judoka selbst um die Pflege und Vollständigkeit der Kleidung und achten auf Pünktlichkeit und Regelmäßigkeit beim Training und Wettkampf. Bestärken Sie Ihr Kind beim Üben und Trainieren.

Helfen Sie, aber mit Umsicht!

Stellen Sie nicht zu hohe Erwartungen an Ihr Kind. Das Wichtigste ist die Freude am Sport und am gemeinsamen Üben mit anderen Kindern. Übertriebener Ehrgeiz wäre nur schädlich. Vergleichen Sie es nicht mit Gleichaltrigen, denn die biologische Entwicklung kann gerade in diesem Alter noch sehr unterschiedlich sein. Orientieren Sie sich bitte an Ihrem eigenen Kind und loben Sie seine Fortschritte. Ihr Kind wird es Ihnen danken.

O weh, o weh!
Ich will bestimmt nie wieder so schwach sein und mich werfen lassen!

Unterstützung durch die Eltern

Auch im Judo ist die Unterstützung der Eltern gefragt. Ob es nun die Organisation der Trainingskleidung ist, die Fahrten zum Training oder die Begleitung bei Wettkämpfen. Manche Eltern oder Großeltern haben auch Spaß am gemeinsamen Üben daheim. Wenn Ihr Kind Wettkämpfe bestreitet, dann werden manche Wochenenden der Familie durch die Wettkampftermine bestimmt. Doch was gibt es Schöneres, als seinen eifrigen, kleinen Judoka zu sehen, der sich unbändig über einen gelungenen Wurf oder gar über den Sieg freut. Oder, wie viel Vertrauen und Innigkeit erleben Eltern und Kinder, wenn wegen einem schlechten Wettkampf oder einer Niederlage getröstet werden muss. Freuen Sie sich, dass Ihr Kind regelmäßig Sport treibt. Gleichgültig, ob aus Ihrem Kind mal ein international erfolgreicher Judoka wird oder ob es „nur" Spaß am Judo und der Gemeinschaft hat. Werte, die im Judo vermittelt werden, prägen ein Leben lang.

Und noch etwas:

Genießen Sie den Wettbewerb und haben Sie Freude an der immer besser werdenden Technik und dem sportlichen Ehrgeiz Ihres Kindes. Spornen Sie die Kinder an und freuen Sie sich über erfolgreiche Aktionen. Fachliche Zurufe durch die Eltern sind für die Kinder jedoch irritierend. Die Kinder sollen selbst entscheiden und für technische Hinweise ist der Trainer zuständig.

Liebe Trainer und Übungsleiter,

sicher werden Sie uns recht geben, es ist schon ein tolles Gefühl, wenn man die Knirpse mit ihren gespannten Gesichtern und ihren erwartungsvollen Augen vor sich sieht. Nun liegt es in Ihren Händen, sie mit dem Judosport vertraut zu machen.

Doch jedes Kind ist anders. Da gibt es die Großgewachsenen und die Kleinen, die Selbstbewussten und die Ängstlichen, die Fleißigen und die nicht so Fleißigen, die Talentierten und die nicht so Talentierten. Jedes Kind ist eine eigene kleine Persönlichkeit mit ganz individuellen Voraussetzungen und eigener Entwicklungsgeschichte, mit Wünschen und Hoffnungen, mit Befindlichkeiten und Nöten. Allen gleichermaßen gilt unsere Aufmerksamkeit. Kinder wollen aktiv sein, sich bewegen und Freude haben. Vor allem in der Gruppe können sie sich mit Gleichaltrigen messen und sich gegenseitig anspornen.

Der junge Sportler selbst ist das Wichtigste im Lehr- und Lernprozess. Das Kind, mag es noch so jung und völliger Anfänger sein, ist immer Subjekt seiner eigenen Entwicklung, niemals nur Objekt unserer Beeinflussung. Geben Sie ihnen also genügend Hinweise und Möglichkeiten für ihre eigene Entfaltung. Fördern und nutzen Sie die Selbstständigkeit Ihrer kleinen Judoka. Gehen Sie den Weg vom Anweisen zum Anregen. Die Kinder sollen und müssen nicht, sondern sie können und dürfen.

Das sollte ein Judotrainer für die Kinder haben

Ansporn, Lob, Trost und Aufmunterung für jeden.

Fachliches Wissen und organisatorische Fähigkeiten.

Lösungen für ihre Probleme.

Ein Herz für Kinder.

Gute Auswahl der Übungen.

Ein Gefühl für die besondere Verantwortung.

Die Fähigkeit, Spaß und Freude am Sport zu vermitteln.

Guten Kontakt zu den Eltern.

Kenntnisse über körperliche Besonderheiten und Entwicklungsetappen der Kinder.

Geschick im Umgang mit Kindern.

Der Nutzen dieses kleinen Buches

Der Nutzen wird ganz wesentlich davon abhängen, wie Sie es in die Ausbildung mit einbeziehen. Es ist speziell für Kinder geschrieben, die mit dem Judo beginnen. Es kann aber ebenso gut Eltern empfohlen werden, die ihr Kind auf diesem Weg begleiten möchten. Das Buch orientiert sich an den Bedürfnissen der Kinder und soll ihnen helfen, sich auch außerhalb des Dojos mit ihrem Sport zu beschäftigen. Es wird Ihren Erklärungen und Demonstrationen besser folgen können. Die Kinder können Erlerntes in Ruhe nachlesen, Ziele und Lernfortschritte eintragen, sie erhalten Anregungen für das Üben zu Hause und mit anderen Kindern. Dadurch wird die Fähigkeit zum selbstständigen Handeln entwickelt und der Lernprozess beschleunigt.

Es werden Voraussetzungen geschaffen, dass die Kinder selbst schrittweise über ihr Üben und Lernen nachdenken, ihre Bewegungen, Handlungen und letztlich ihr Verhalten kontrollieren und bewerten. Sie werden zum Partner des Übungsleiters und Trainers. Wir möchten, dass die Kinder gern zum Training kommen und mit Erfolgserlebnissen nach Hause gehen. So hat natürlich auch der Trainer Freude an den Übungsstunden.

Das Buch im Training

Das Buch ist der persönlicher Begleiter beim Judolernen. Geben Sie den Kindern das Logo des Vereins und machen Sie ein Foto zum Einkleben in das Buch. Das erhöht das Bindungsverhalten zu Ihnen, zur Gruppe und zum Verein. Lesen Sie am Anfang Abschnitte gemeinsam und erklären Sie den Kindern, wie die Bilder und Zeichnungen zu betrachten und zu verstehen sind. Machen Sie Eintragungen zu Zielen, Hinweisen usw. gemeinsam. Sie schaffen bei den Kindern damit wichtige Orientierungshilfen zum Verstehen und zum selbstständigen Üben. Mithilfe des Buches könnten Sie auch kleinere Hausaufgaben zum nächsten Training aufgeben.

Wir wünschen viel Spaß und Freude
und natürlich auch sportliche Erfolge
mit Ihren Schützlingen.

153

.... Literaturnachweis

Barth, K. (2001-2008). *Kindersportbuch-Reihe: Ich lerne .../Ich trainiere …* Aachen: Meyer & Meyer Verlag.

Deutscher Judo-Bund. (2016). *Die Judo-Gürtelprüfung Band 1: Die Prüfungsinhalte des 8.-5- Kyu (Grundausbildung).* Aachen: Meyer & Meyer Verlag.

Deutscher Judo-Bund. (2015). *Judo. Dein Weg zum weiß-gelben Gürtel. Trainingsbegleitheft zum 8. Kyu.* Frankfurt/Main.

Deutscher Judo-Bund. (2015). *Judo. Dein Weg zum gelben Gürtel. Trainingsbegleitheft zum 7. Kyu.* Frankfurt/Main.

Deutscher Judo-Bund. (2015). *Judo. Dein Weg zum gelb-orangen Gürtel. Trainingsbegleitheft zum 6. Kyu.* Frankfurt/Main.

Deutscher Judo-Bund. (2015). *Judo. Dein Weg zum orangen Gürtel. Trainingsbegleitheft zum 5. Kyu.* Frankfurt/Main.

Deutscher Judo-Bund. (2004). *Die Prüfungsordnung des Deutschen Judo-Bundes für Kyu-Grade „Materialien für Multiplikatoren".* http://www.judobund.de/media/ausbildung/kyu_pruefungsordnung/Multiplikatorenskript_Kyu-Pruefungsprogramm_DJB2011.pdf

Deutscher Judo-Bund. (2005). *DVD Fit für die Gürtelprüfung Teil 1.* Overath: Produktion & Vertrieb KJL im Auftrag des Deutschen Judo-Bundes.

Jäger, K. & Oelschlägel, G. (1974). *Kleine Trainingslehre.* Berlin: Sportverlag.

Klocke, U. (2007). *Judo lernen. Das offizielle Lehrbuch zur Kyu-Prüfungsordnung des Deutschen Judo-Bundes.* Bonn: Verlag Dieter Born und Sport-Medien-Service.

Linn, B. (2006). *Judo – Das Prüfungsprogramm von weiß-gelb bis orange* Aachen: Meyer & Meyer Verlag.

Pöhler, R. et all (2006). *Judo spielend lernen – Das Programm des DJB für die Ausbildung der 5-7-Jährigen.* www.judobund.de

Bildnachweis

Titelgestaltung:	Sabine Groten
Zeichnungen:	Katrin Barth, Technikzeichnungen nach Vorlage von: **Klocke, U.** (2007). *Judo lernen. Das offizielle Lehrbuch zur Kyu-Prüfungsordnung des Deutschen Judo-Bundes.* Bonn: Verlag Dieter Born und Sport-Medien-Service.
Titelfoto:	imago Sportfotodienst
Fotos (Innenteil):	Berndt Barth, Katrin Barth, Ralf Lippmann, Olaf Schmidt, Stefan Schulze, Alexander Stein, Frank Wieneke, Susi Zimmermann

Kinderpass S. 52, Deutscher Judo-Bund; Grafiken: Uwe Herrmann, www.karikaturist.de; Coverzeichnung Kinderpass: Henning Schäfer

Foto Jigoro Kano S. 16: Quelle: The Japanese Book „Karatedo"

JUDOBÜCHER FÜR

EIN BUCH DIREKT FÜR KINDER UND JUGENDLICHE IN DEN ERSTEN TRAININGSJAHREN. DAMIT HAST DU EINE OPTIMALE VORBEREITUNG AUF DIE PRÜFUNGEN ZUM 4.-1. KYU.

Preisänderungen vorbehalten und Preisangaben ohne Gewähr! © Thinkstock/iStockphoto/Fluid Illusion

ISBN: 978-3-89899-720-1

€ [D] 14,95/€ [A] 15,40

TRAINING UND AUSBILDUNG

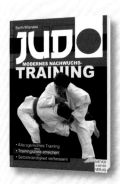

ISBN: 978-3-89899-751-5

€ [D] 16,95/€ [A] 17,50

ISBN: 978-3-89899-955-7

€ [D] 12,95/€ [A] 13,40

ISBN: 978-3-89899-604-4

€ [D] 22,95/€ [A] 23,60

ISBN: 978-3-89899-807-9

€ [D] 16,95/€ [A] 17,50

MEYER & MEYER
Fachverlag GmbH
Von-Coels-Str. 390
52080 Aachen

Telefon
Fax
E-Mail
Webseite

02 41 - 9 58 10 - 13
02 41 - 9 58 10 - 10
vertrieb@m-m-sports.com
www.dersportverlag.de

MEYER
& MEYER
VERLAG

Unsere Bücher erhalten Sie online oder bei Ihrem Buchhändler.